教数学 悟师道

潘荣杰 著

光明日报出版社

图书在版编目（CIP）数据

教数学，悟师道 / 潘荣杰著. --北京：光明日报出版社，2020.4
ISBN 978-7-5194-5669-6

Ⅰ.①教… Ⅱ.①潘… Ⅲ.①中学数学课—教学研究—高中 Ⅳ.①G633.602

中国版本图书馆 CIP 数据核字（2020）第 042832 号

教数学，悟师道
JIAO SHUXUE, WU SHIDAO

著　　者：潘荣杰	
责任编辑：李壬杰	责任校对：袁家乐
封面设计：中联学林	责任印制：曹　净

出版发行：光明日报出版社
地　　址：北京市西城区永安路 106 号，100050
电　　话：010-63139890（咨询），010-63131930（邮购）
传　　真：010-63131930
网　　址：http://book.gmw.cn
E - mail：lirenjie@gmw.cn
法律顾问：北京德恒律师事务所龚柳方律师
印　　刷：三河市华东印刷有限公司
装　　订：三河市华东印刷有限公司
本书如有破损、缺页、装订错误，请与本社联系调换，电话：010-63131930
开　　本：170mm×240mm
字　　数：151 千字　　　　　　　　印　　张：13
版　　次：2020 年 4 月第 1 版　　　　印　　次：2020 年 4 月第 1 次印刷
书　　号：ISBN 978-7-5194-5669-6
定　　价：58.00 元

版权所有　　翻印必究

带着梦想去奋斗

北京市第八十中学　田树林

习总书记说:"一个人遇到好老师是人生的幸运,一个学校拥有好老师是学校的光荣,一个民族源源不断涌现出一批又一批好老师则是民族的希望."

八十中学的发展离不开那些平凡而伟大的好教师.十三年前,我认识了青春阳光的潘荣杰老师.那时,彼此还不熟悉,但直觉告诉我,他可以成为一名出色的数学教师.我要做的就是为潘老师等这些有梦想的青年教师搭建舞台,帮助他们设计专业发展之路,提供优质的服务和保障.学校的信任与肯定,给了他巨大动力.潘老师在八十中的沃土中生根、发芽、成长.天道酬勤,如今潘老师已经小有名气,这是我最欣慰、最快乐的事.做校长这么多年,我的幸福就是有创造性、有智慧地引领教师幸福工作,学生幸福成长,让学校得到社会的肯定、好评与尊重.

走进潘老师的课堂,你就会感受到他那发自内心的朴实、亲切、幽默、自然,你就会感受到什么是激情四射,魅力无限.他真是达到了一种师生合一的境界!他的课堂就是一种唤醒,他善于创造绚丽的思维波澜,恰到好处地打破学生的思维平衡,使学生产生强烈的认知冲突,促使学生思考、讨论、探索、创造,进而生成新的方法、思想．课堂深度触及数学本质，激发学生爱数学的热情，提升学生的学习能力．他始终是一届又一届学生心中最喜爱的老师之一，他就是学生心中的"名师"．

学生为什么喜欢他？怎样才能做一名好老师？答案很多．从潘老师身上我们可以看到一些必要的因素．首先，要有正确的学生观，尊重和承认每一名学生的个性，相信每一名学生都能够在数学上得到不同的发展，给所有学生提供公平和完整的学习数学的机会．简单说就是尊重和鼓励．其次，要有广博的专业知识，丰富的教学实践经验，成熟的教学艺术，课堂有趣、有深度．再次要有执着的教科研精神，虚心好学、善于反思，敢于不断创新．还有更重要一点，师德高尚．

潘老师没有因生活的不幸而悲叹，他选择了乐观面对．一面照顾着他的星星宝贝言言，用父爱撑起那孤独的心灵，一面把知识、阳光播撒给学生，用师爱照亮学生前行的路．我相信他的学生都能变成一个勇敢而执着的生活强者，他把教育当成一项美丽的事业，将自己生命的所有力量集中在教育理想的追求之中，他享受着职业的尊严与快乐，潘老师是幸福的！

与命运抗争的人，一定能成就精彩人生．希望有更多的人看见与分享潘老师从教20多年的教育智慧，以及他对教育与人生、教学与专业的所思所悟．

夜深了，我仿佛看见可爱的言言睡着了，潘老师正开始准备明天的精彩……

目 录
CONTENTS

第一章　凡而不凡——教学生涯之路 ………………………………… 1
　　二十四年教学生涯，四十七载人生春秋 …………………… 2
　　当好一名数学教师 …………………………………………… 9

第二章　立德树人——育人育己之路 ………………………………… 12
　　用数学育人 …………………………………………………… 13
　　三载风雨望京路，一世情缘八十中 ………………………… 23
　　走进学科，融入管理，把握未来
　　　——高中生涯规划与管理的教学感悟 …………………… 26

第三章　精彩课堂——教育成功之路 ………………………………… 31
　　打造精彩课堂 ………………………………………………… 32
　　课堂实录：测量问题中两角和与差的三角函数计算 ……… 34
　　朝阳区社会主义核心价值观精彩课堂教学设计与反思评
　　　——抛物线及其标准方程 ………………………………… 47

第四章　乐于分享——共同进步之路 ………………………………… 56
　　分享的快乐 …………………………………………………… 57

高三教研讲座"抓本质、多角度、成系统
　　——高三数学一轮复习之函数与导数" …………………… 59
专题示范函数背景下的不等式证明 ……………………………… 105
自招与竞赛中的不等式证明 ……………………………………… 130

第五章　为你痴迷——专业研究之路 …………………………… 145

用导数求解含参数函数的单调区间的通法与特法 …………… 146
古典概率模型在排列组合问题中的应用 ……………………… 157
关注原有函数性质，助力导数综合题 ………………………… 164
一道高考试题的背景与拓展 …………………………………… 176
运用几何直观，揭示数学本质 ………………………………… 184
找寻必要条件，送你柳暗花明
　　——2019全国数学Ⅰ卷文科20题引发的思考 ………… 193

第一章 凡而不凡——教学生涯之路

　　我不是名师，只是芸芸平凡教师中其中的一位，我没有做什么轰轰烈烈的大事，我只是以一位教师的情怀描绘着自己钟爱的职业画卷．

　　我爱数学，我爱学生，我爱八十中学．我期待我的每一名学生都能成为国家栋梁，当我看到学生道德成长，学业进步，个性萌发，当我桃李满天下，我的心里就会幸福满满．作为新时代教师，身上肩负着重要的责任，因为教育不仅仅是教给学生知识、训练学生能力，更重要的是丰富学生的心灵、完善学生的人格，让社会主义核心价值观在孩子心中真正生根开花，中华民族一定会复兴，文明富强的中国梦一定会实现！

二十四年教学生涯，四十七载人生春秋

1972年8月28日，我出生在黑龙江省桦南县一个叫作"黑背"的小山村，小村的四面全是山，太阳落山早，故取名"黑背"。我的到来成了"闯关东"父母生活奋斗的精神支柱，父母没有读过书，但他们明白知识改变命运，希望我能努力学习走出大山。我13岁开始在外求学，不畏艰辛，为梦想而活。1991年9月，我幸运地成了全村第一个大学生。

1995年8月师范毕业，我放弃了去大城市就业的机会，回到了家乡。进入黑龙江省重点中学桦南一中参加工作，上班前父亲送我一句话，"好好教，别误人子弟"。我当时更多的是惊讶，爸爸在哪儿学的词啊？可就是这一句话，时时地鞭策着我，我一辈子都不会忘记父亲的教诲。我登上讲台的那一刻，除了紧张，更多的是感受到学生滚烫的目光和家庭满怀的希望。他们和我一样，要用知识改变命运，这使我更加喜欢和敬畏自己从事的教育事业，我也慢慢确认了自己将会把一生都奉献给忙碌而平凡的三尺讲台。同时我想做一名优秀教师的信念与日俱增。我抓住一切时间投入我的教育教学工作中，每天晚上我都是最后一个离开办公室的人。我的工作热情、奉献精神、钻研意识得到了大家的一致认可，工作仅仅5年，当时只是一个一级教师的我就被大家推举为学校的教研组长，连续7年带高三实验班，只要学校有需要，学生有需要，我会毫不犹豫地担起重担，履行职责。在学校中我用课堂征服了学生，在比赛中也征

服了评委，在市级、省级赛课中均获得了一等奖，我的课堂教学也给学校带来了荣誉，都说我在学校评选为示范性高中这一荣誉中做出了巨大贡献．2005年9月我被评为中学高级教师，在此期间我获得了"县教育系统优秀党员标兵""佳木斯市首届中小学现代园丁奖"等荣誉称号．

因为向往更大的学习舞台，2006年我满含热泪地离开了生我养我的家乡，离开了我挥洒汗水、张扬青春的家乡。我被北京市朝阳区教委聘用，进入北京市第八十中学工作．我满怀激情地投入同样平凡的工作中，不同的是我想学的更多，想做的更多．可天有不测风云，2008年我可爱的5岁的儿子言言被诊断为自闭症，一切美好的憧憬，瞬间崩塌．一个男人在繁华的北京城马路上孤独大哭．这突如其来的消息犹如晴天霹雳，打破了一家人原本平静欢乐的生活．从此，我和爱人开始带他到处奔走，寻医看病，但收效甚微，爱人也因此患上了抑郁症．后来我和爱人渐渐地发现不善言辞的言言对音乐情有独钟，只要他听到音乐或歌声，就表现出不一样的专注和兴致．琴谱和歌词过目不忘，言言在音乐中找到了属于他自己的快乐，这也是最让我们感到欣慰的地方．抗击孤独，我们全家都会坚持一辈子．每一个生命都是不同的，我爱我的言言，写了一首小诗，鼓励孩子和爱人．

我的星星宝贝

你有一双明亮的大眼睛，看得到这个世界的万物，
却看不出这个世界的精彩．
你有一张可爱的小嘴巴，说得出这个世界的语言，
却讲不出这个世界的美丽．

你纯如白纸，善良如水，
你是天使却偏偏降临人间．

我想知道你的世界在哪里？
我知道你最喜欢音乐，
那是你与这个世界交流最美的语言．

人间也许无药可医，
儿子，不要怕，爸妈就是你的良药．
你孤独忧伤吗？
爱你的人真的很多很多，
还有爸妈，陪你一世，永不分离．

我们一起抬起头来，
因为坚持就会有希望．

言言一直享受着弹钢琴带给他的开心和快乐，我们把这份快乐和努力向上的精神传递给别人，希望带给他人力量！

梦想在，精神是不会崩溃的．感谢爱人的牺牲与付出，你让我坚定地站在挚爱的讲台上，依然是那么乐观向上，没有学生会察觉笑容背后的些许心酸．

师德是教师之本，奉献是师德之魂，仅有乐观向上的精神是远远不够的，教师这个特殊的职业，决定了教书者必先学为人师，育人者必先行为世范．我从不计较名利，对待学生一视同仁，尤其是对学困生，更是关爱有加．服从学校工作安排，勇挑重担．2006 至

2009年担任北京市第八十中学首届直升班班主任，班级获得"区优秀班集体"，本人获得"区优秀班主任"称号.

一直担任八十中学直升班与实验班的教学工作，并一直兼任备课组长以及竞赛辅导与自主招生辅导工作，我带领全备课组采用导学案教学（此项工作量巨大，我付出了艰辛的努力），学校整体数学成绩连年上升. 课堂教学中，我努力创设宽松、和谐、友爱的学习氛围，关心爱护学生，注重与学生的沟通. 所任教班级学生自主学习的积极性高，合作意识和创新意识强，高考成绩突出，班级平均分最高达到137分（一个班就有14人突破140分），创八十中学之最. 在竞赛辅导中，所辅导学生祝家乐获2012北京市数学竞赛二等奖.

课堂教学和解题能力是本人的优势，我对数学学科和相关领域的知识体系和思想方法能较全面地把握，形成和发展了自己独特的教学风格，对教育教学问题有自己独到的见解，并具有丰厚的数学文化底蕴、宽阔的视野、灵活的思维. 我驾驭课堂的能力较强，我的公开课总是令人期待，教学特点鲜明，教学追求自然，概念来得自然，习题解答自然，思维呈现自然，学生掌握也轻松自然. 我注重对数学问题本质的挖掘以及概念功能的挖掘，找到解决一类问题的通法，通过变式训练，进行比较、内化，找到解决问题的特法，再考虑特法是不是一种能推广的通法，从而培养学生思辨能力、解决问题的能力. 在教学中，我力争化复杂为简单，化抽象为直观，由浅入深，一题变多题，多题化一题，看似特法，其实是通法. 我不局限于应试，教给学生终身有用的数学是我的追求. 随着新一轮课改的实施，我更多思考的是如何调整和改进课堂教学能更有利于学生学科素养的形成等问题，以尽快适应新时代对教师的要求.

我的课堂最表象的东西是课堂机智幽默、富有激情和感染力. 2006年朝阳区教学基本功竞赛一等奖第一名，2008年市优秀课评比二等奖，2008年"卡西欧杯"全国赛课三等奖. 比赛历练了我，激励了我. 需要我示范，我就勇于承担. 2013年4月为天津教学能手展示观摩课"导数的应用"，2013年12月为区高三教师做研究课"随机变量及其分布"，2014年12月为全国知名学校同课异构作"抛物线及其标准方程"，2015年12月为市基教研研究性学习与学科整合活动课作"测量问题中和差角的三角函数计算"，2015年教学设计"抛物线及其标准方程"获区、市一、二等奖，2015年12月为市骨干教师作"2015北京理科19题赏析与拓展"，2015年12月为区教委录制"社会主义核心价值观精彩课堂". 应学校安排为要求我多次参加的基本功竞赛上名师展示课. 我还承担了北京市重点研究项目BDS备课、录课任务，并受到区、市教研员好评.

我一直参加王贵军特级教师工作室的课题研究，研究课题为"高中数学体验式教学策略与模式探究"与"高中数学几何直观的教学研究"，这些研究让我受益匪浅！我参与了王贵军老师参加的国家社会科学基金教育学重大课题"我国基础教育未来发展新特征研究"，自己承担子课题"核心素养下的习题教学策略研究". 我也学会了从教学中发现的一个个小问题入手，逐个去找解决方案，逐渐整体把握问题，整体把握教材，整体把握高考. 我2010年1月参编的《高考大问题》由陕西师范大学中学数学参考杂志社出版. 2011年8月论文《横看成岭侧成峰角度变换法不同》由中学数学参考杂志社出版. 2012年10月参编的校本教材《高三数学》由电子出版社出版. 2015年8月论文《知难则变，另辟蹊径——函数零点一课的教学分析》获京研杯一等奖. 2017年4月论文《一道高考试题的背景与拓展》在国家级核心刊物《数学通报》发表. 2018年4月《运用几何直观,揭示数学本质》获北京市论文一等奖.

我除了认真自学国内外先进的教育思想、教育理念之外,还积极参加市、区、校组织的各类教研活动. 我一直担任区兼职教研员工作,从2009年以来,每学期我都在区教研活动中进行教材分析并开展高考辅导讲座,累计20余次,不管工作多忙,我都全力以赴、精心准备,让不同层次学校的老师都有收获. 讲座每次都是好评如潮,每次的评价都是"接地气的讲座""实用的讲座""解决问题的讲座". 其中"坐标系与参数方程""函数第一轮复习教学建议""导数专题复习"等已成必讲内容,并且老师都能在实践中应用,他们都高兴地告诉我效果很棒!比如导数中的分类讨论方法在区内以及贵阳、河南等地得以推广,学生能够轻松掌握. 区内各校也聘请我做尖子生和老师的培训工作. 此外,我还参加区统一考试试题命题工作、校对工作,还一直参与朝阳区高二、高三《目标检测》的编写工作,为区教研做出了很大贡献. 还兼职义务支教工作（2013年至2016年兼职支教八十中学温榆河分校）、师带徒工作（指导年轻教师赵存宇的教学工作,目前在区内小有名气）. 多次参加高考阅卷工作,2014年6月、2015年6月被北京教育考试院评为优秀阅卷员. 此外还被贵阳三中聘为名师骨干研究室领衔人.

谦虚好学才是进步的根本,教师应该是一个追求持续发展的人,教师应该不断追求自己职业生涯的发展和完善,在提升自己的同时,也帮助别人完善. 这是与生命同在的无止境的一个过程,要做一个永远有魅力的教师. 马克思说:"只有创造性工作才会有尊严." 24年的教师路,使我懂得,教师不只是埋头苦干,更要用一种创造的智慧去激发学生心中的精神潜力. 若孩子在以后前进的重要时刻会想起我，我可能就成了真正意义上的老师.

从教 24 年来，我一直在为做一个有魅力的老师而努力着．我从一个懵懵懂懂的年轻教师成长为现在的北京市数学学科带头人，回顾这段难忘的充满曲折的从教经历，有许多令我至今都受用的东西．心存宽容，用一颗乐观向上的心态迎接每一天，迎接每一张灿烂的笑脸，这就是教师的魅力所在！创造生命发展的魅力就是教育的魅力！

我虽然不是名师，只是众多普通教师中的一位，我没有做出什么轰轰烈烈的大事，也没有得到许多的鲜花与掌声、荣誉和金钱，但我却能以一位教师的情怀描绘自己钟爱的职业画卷．我知道新时代教师肩负的责任和重担．教育不仅仅是教给学生知识，训练学生能力，更重要的是丰富学生的心灵，完善学生的人格．让社会主义核心价值观在孩子心中真正生根开花，中华民族才会复兴，文明富强的中国梦才能实现！

从不幸中抬起头来，是生命最好的姿态之一．毫不夸张地说，我克服了常人难以想象的困难，坚持着自己的教育梦想．走过四十七载，芳华不再，两鬓染霜，低调做人，执着做事．笑蘸着岁月的汗水走进课堂，激情犹在，这种激情来自我的教育理想和对学生深深的热爱．我会忘记疲倦、忘记烦恼，时刻保持一颗阳光之心，将数学学习的快乐、学习的价值传递给身边的每一个人！因为有梦，所以心怀远方，我必乘风破浪！

当好一名数学教师

教育是什么？应该教给学生什么？爱因斯坦说："当你把学校教给你的东西都忘记以后，剩下的就是教育."教育不仅仅是教给学生知识，训练学生能力，更重要的是丰富学生的心灵，完善学生的人格.

习近平总书记强调，"培养什么人，是教育的首要问题".要激励学生坚定理想信念，把自己的人生追求同国家发展进步、人民伟大实践紧密结合起来，努力成为德智体美劳全面发展的社会主义建设者和接班人.人无德不立，育人的根本在于立德.加强品德修养，培养奋斗精神，既要教育、引导学生培育和践行社会主义核心价值观，踏踏实实修好品德，成为有大爱、大德、大情怀的人，也要教育、引导学生树立高远志向，历练敢于担当、不懈奋斗的精神，乐观向上的人生态度，做到刚健有为、自强不息.

数学不仅仅是一种知识、一种工具，它更是一种能力、一种方法、一种思想、一种文化，正如朱梧槚教授所指出的："数学有两种品格，其一是工具品格，其二是文化品格……数学之文化品格、文化理念与文化素质原则之深远意义和至高的价值在于：对于那些当年接受过数学文化品格的数学训练的学生来说，当他们后来真正成为哲学大师、著名律师或运筹帷幄的将帅时，可能早已把学生时代所学到的那些非实用性的数学知识忘得一干二净了.但那些铭刻于头脑中的数学精神和数学文化理念，却会长期地在他们的事业中发挥着重要作用.也就是说,他们当年所受到的数学训练一直会在他们的生存方式和思维方式中起着根本性的作用,并且受用终身."显然,数学教育的价值不仅仅是数学知识的传授和积累,不仅要让学生在竞争中取得高分,还在于对数学思维和数学观念的培养,更是体现在塑造人的品质的功能上.数学具有的这种独特的育人功能,恰恰在我们长期的数学教学中由于突出数学作为工具的实用性,偏重于专业技能的培养而被忽略了,这是传统数学教育的一个缺失,有悖于高中学生的素质教育和综合素质的提高.所以,在"数学乃是一切科学的基础、工具和精髓"的今天,数学教师重新审视和充分认识数学教育的价值意义是极为重要的,在数学教学中主动承担起既教书又育人的责任,最大限度地发挥数学教育的作用,至少可以让数学教学变得丰富而更有魅力,同时可以让学生思想品德教育得到提升和拓展.数学教育主要包括培养辩证思维能力,培养爱国主义精神,塑造健全人格和培养美学素养.

教育是一种以人格培育人格,灵魂塑造灵魂的劳动,不仅体现在教师的言传,更重要的是教师的身教.古人云:"其身正,不令而行;其身不正,虽令不从."教育实质上是教育者向受教育者实施的一种影响力,教师是教育教学的组织者和精神导师,一个教师真正能够长远发挥其教书育人作用的不是其地位、学识,而是道德,师德是高尚灵魂的结晶,其本身就是一种强有力的教育因素.因此,数学教师必须高度自律,处处为人师表,用自己高尚的师德、渊博的知识、敬业的精神、严谨的治学态度及良好的个性品质,感化并影响学生,使他们学会求知、学会做人、学会发展.

学生的全面发展,在一定程度上取决于教师文化知识的广泛性和深刻性.一位好教师,要拥有精深的学科专业知识和广博的科学文化知识．所以数学教师要加强学习，不断丰富、拓展自己的专业知识和相关知识，理性认识自我，发挥自己的优势，找准自己的不足，坚守教育信念，保持教研激情，敢于创新，不断超越．做一名研究型、学习型、合作型教师．人生因有理想而精彩，职业因有目标而生辉！

我们应该微笑着点燃学生兴趣，点燃学生智慧．教师不只要埋头苦干，更要用一种创造的智慧去激发学生的精神潜力．我的使命就是使学生能够适应新时代，活出生命的意义和价值．当孩子在人生发展过程中的每一个重要时刻都会想起我这个普通的数学教师时，我才成了真正意义上的教师．

我不仅要教好数学，更要与学生一同成长，做一个有魅力的教师．为党为国家而教，大力弘扬社会主义核心价值观，从小事引导，培养学生对父母的感恩之心，对母校的热爱之情，进而升华到对民族、对祖国的敬仰之情．只有让社会主义核心价值观在孩子心中真正生根开花，中华民族才会复兴，文明富强的中国梦才能实现！

第二章 立德树人——育人育己之路

学高为师，身正为范．教师要有超越世俗的道德情感和道德行为，和学生一同成长进步，向学生学习，向优秀老师看齐，育人也是育自己．教师需要提升认识的不仅仅是师德，还应包括世界观、人生观、价值观等，我希望将社会上普遍需要的优良品格、思想、情操、才学、气质等集于一身，在我教书育人的过程中展现出来，将最好的理想精神、敬业态度、道德情操和意志品格传递给学生，发挥教师人格的教育价值．乌申斯基说："教师人格对于年轻的心灵来说，是任何东西都不能代替的最有用的阳光，教育者的人格是教育事业的一切．"

要成为学生做人的楷模与导师，以身作则是最好的教育方法．作为一名数学教师，要充分挖掘数学本身的育人功能，特别是在传承伟大民族精神方面，要贡献自己特有的力量．

用数学育人

一个青年价值观的确立影响的是一个人的成长，一个国家的青年价值观的确立影响的是一个民族的未来．扣好人生第一粒扣子，是新时代青年成为社会主义建设者和接班人的前提．作为一名普通的数学教师要深入学习、领会习总书记在2018年9月10日在全国教育大会上的重要讲话精神，思考怎样结合本学科提升数学素养，科学合理地进行德育渗透．首先，应了解数学是什么，数学的育人价值有哪些；其次，要研究数学学科德育渗透的具体实施策略．

认真研读《普通高中数学课程标准》，整体把握高中数学教学．《普通高中数学课程标准》提出了6个数学学科核心素养：即数学抽象、逻辑推理、数学建模、直观想象、数学运算和数据分析．数学学科核心素养是课程目标的集中体现，"三会"（会用数学眼光观察世界，会用数学思维思考世界，会用数学语言表达世界）是数学学科核心素养的外在表现．我们不仅希望学生能通过普通高中数学课程的学习提高学习数学的兴趣，增强学好数学的自信心，养成良好的数学学习习惯，发展自主学习的能力，更希望学生能树立敢于质疑、善于思考、严谨求实的科学精神；不断提高实践能力，提升创新意识，认识数学的科学价值、应用价值、文化价值和审美价值．数学是学生终身发展，形成科学的世界观和价值观的基础，对提高全民族素质具有重要意义．

数学是研究客观世界数量关系和空间形式的科学．数学作为一门基础学科，已越来越多地渗透到各个领域，成为各种科学技术、生产建设、文化教育、日常生活等不可缺少的工具，数学知识应用的广泛性已被世人所熟知，"数学已经从幕后走到前台，直接为社会创造价值！"这是我国著名数学家、中国科学院院士、北京大学教授姜伯驹反复强调的观点，也是数学界普遍的认识.

数学成为人类文明发展的重要组成部分. 20 世纪以来，数学在人文社会科学发展中发挥了巨大作用，尤其是在进入大数据时代后，数学的作用变得越来越大。数学又具有了技术特征，David（曾任美国总统科学顾问）认为"高科技本质上是数学技术"。例如，在计算机、信息技术、人工智能迅猛发展的时代，计算思维、计算技术等已经成为各行各业发展的基本技术手段。数学是人类文化的组成部分，数学文化集聚了理性思维、科学精神的精华，在人类文明发展中将发挥越来越大的作用.

数学的社会价值包括两个方面，一方面是数学在人类文明发展中的作用，特别是在育人中的作用；另一方面是数学在社会发展中的作用，特别是在科学技术发展中的作用.

张恭庆院士强调："数学实力往往影响着国家实力，世界强国一定是数学强国."美国数学教育总统顾问委员会在给总统的报告"成功基础"中，也表达了这样的观点，"引导社会发展需要数学能力，数学能力会在医学和健康、技术和商业、航行和太空探索、防御和金融等方面给国家带来发展优势，另外在分析过去失败经验和预测未来发展能力等方面也会带来优势". 我们不仅能感受到数学无处不在，还可以真正感悟马克思讲过的经典论述："一门科学只有当它达到了能够成功地运用数学时，才算真正发展."

数学的育人价值包括：理性思维、科学精神、严谨求实态度；

应用与实践能力；创新意识和创新能力；学习能力—学会学习等.

1. 理性思维、科学精神、严谨求实

在人的发展中，科学精神和理性思维是必备的素养，几乎每一个学科都会做出贡献，但数学的贡献与其他学科不同．从前面对数学和数学基本特征的分析，数学对育人的主要贡献之一是提升人的理性思维水平、发展科学精神、形成严谨求实的态度，我们把数学在促进人的"理性思维、科学精神、严谨求实"发展中所做的贡献称为"数学素养"．更好地理解"数学素养"，离不开几个经常使用的"要素"：数学抽象、逻辑推理（其中一种特殊形式是数学运算）、数学建模、直观想象等，为了方便我们把这些称为"数学学科核心素养"．这些"要素"很好地反映了"数学素养"，这些"要素"既有独立存在的意义，又相互联系、相互渗透，构成一个有机整体——"数学素养".

数学抽象本质上就是寻求规律，探索表面不同的问题之间的内在联系、共同规律，找出共同的数量关系和空间形式，用数学语言表述出来，建立起准确的、一般性的概念和规则；探索出反映一类问题的定理和模型；得到能够解决许多问题的方法和思想；不断形成、拓展数学知识结构和体系，以便解决更多不同情境、不同学科的问题．这种思维方式在人的发展中是极为必要的.

逻辑推理就是帮助我们提升正确推理的本领．"逻辑推理"是指从一些事实和命题出发，依据逻辑规则推出一个命题的思维过程．主要包括两类：一类是从小范围成立的命题推断更大范围内也成立的命题的推理，推理形式主要有归纳、类比；一类是从大范围成立的命题推断小范围内也成立的命题的推理，推理形式主要有演绎推理．在演绎推理中，有一类特别重要的演绎推理形式——数学运算.

在数学运算中,最重要的是"提出解决问题的思路",运算素养是一种思维品质、思维能力,数学教育就是帮助学生形成、提升这种理性思维品质、能力,这也是科学精神、严谨求实的核心.在数学中,我们通常把培养、提升理性思维的过程称为"思维体操".

2.应用与实践能力

20世纪中后期,数学教育的一个重大突破就是提出了"数学建模",并以此发展学生的应用、实践能力."数学建模"是在实际情境中对现实问题进行抽象并用数学语言表达和解决问题的过程.具体表现为:在实际情境中,从数学的视角提出问题、分析问题、表达问题、构建模型、求解结论、验证结果、改进模型,最终得到符合实际的结果.数学建模本质上就是应用能力,即在实际情境中用数学的眼光发现问题,用数学的语言描述问题,用数学的思维、方法、思想解决问题的能力.

3.创新意识和创新能力

什么是创新?创新就是面对问题做过去没有做过的事,用过去没有用过的方法,走过去没有走过的路,能比过去更有效地解决问题.对"育人"来说,创新也是重要目标.

4.学习能力——学会学习

因为数学具有高度的抽象性、严密的逻辑性、描述的精确性、应用的广泛性、研究对象的多样性、内部的统一性等特征,所以在提升学生"学会学习"能力中做出了特殊贡献.

数学的价值不仅仅是一种知识、一种工具,更重要的是它还是一种能力、一种思想、一种方法和一种文化.数学思维首先是辩证思维,它的特点在于认识概念和关系的变动性、矛盾性、同一性,相互联系及相互制约性.如有限与无限、连续与间断、近似与精确、微分与积分等，教师完全可以在课堂上充分运用数学本身的辩证因素，启发学生学习和归纳丰富的辩证法思想，对学生进行辩证唯物主义教育，培养和发展学生的辩证思维能力．在数学教学中，通过常量认识变量，通过直线认识曲线，通过近似认识精确，通过有限认识无限，通过具体认识抽象，可以培养学生运用变化发展的观点去思考、分析和认识事物，进而揭示事物本质属性的思维能力；通过数的概念的扩充，新的数概念的引入总是对旧的数概念的否定与扬弃，使数的概念得以不断地丰富，并为解决新问题提供新思路，可以帮助学生正确掌握否定之否定的思维规律，克服旧有的思维定式，形成独特的思维方式；通过有限个无穷小量的和仍是无穷小量，而无限个无穷小量的和未必是无穷小量的数学问题，可以帮助学生正确掌握量变与质变的思维规律，培养学生的逆向思维能力．数学中的哲学原理随处可见，可以说数学教学中的辩证唯物主义教育已是顺理成章的．

我国数学的光辉历史和杰出成就是一部弘扬爱国主义、催人奋发的好教材．我国的数学研究在历史上许多方面都处于领先的地位，如商高定理的发现与证明、祖冲之圆周率及其父子的球的体积计算、用于二项式系数排列的杨辉三角的发现、刘徽的极限思想等，对古代生产和近代数学的发展都做出过很大贡献．我国在现代数学发展中也取得了丰硕成果，如我国在数论、微分几何等领域的研究均处于世界领先地位，著名数学家陈景润顽强拼搏，在攀登"哥德巴赫猜想"的征途上遥遥领先，我国计算机科学家王选，运用数学成果进行数据压缩，完成了汉字的激光照排等．在数学的认识和实践的进程中，无数中国数学家为了探索真理，发明创造，以科学的精神百折不挠，勇于攀登，创下了许多杰出的数学成就．对我国古代和现代的数学成就的介绍，有助于激发学生的爱国热情和学习兴趣，增强民族自豪感和自信心，树立远大志向．

健全的人格不仅是学生心理健康的基础，而且是学生适应社会发展的必备条件，数学教育独特的文化品格对人格的确立和完善具有十分有效且深刻的影响．正如著名数学家齐民友教授指出的："数学使人成为更完全、更丰富、更有力量的人."对于学生来说，数学教育独特的文化品格对人格确立和完善至少表现在以下几方面：

第一，培养严谨态度．数学使人严谨，数学是讲究真实的一门学科，容不得半点虚假和疏忽，一切结论必须有理有据，经得起反复推敲和检验．一方面，作为数学思维载体的数学语言具有简洁精确性和抽象概括性，绝不允许外延模糊、内涵不定的概念出现，也不允许有模棱两可、似是而非的定理，否则将很难保证推理的逻辑严密性以及结论的确定性．这就要求学生学习时必须全面关注和分析问题的各个细节，准确理解和把握问题的实质．另一方面严密的逻辑推理也强化和发展了严谨的思维，即做数学必须讲究理据和遵循逻辑关系，并在教学和辅导中及时纠正学生的错误，包括书写格式、符号使用等，使学生在学习中形成"言必有据，理必缜密"的习惯，有利于培养学生一丝不苟的学习态度．

第二，树立求实精神．数学学习本身就是一个求实行为，数学中的演绎推理能保证数学知识的高度明确性和确定性，能使学生求真务实，不吹毛求疵，不骄傲炫耀，不浮不躁，脚踏实地．

第三，确立自主意识．"有根据地进行判断"是数学的一个特征，体现着数学的怀疑精神，"猜想、辨析、探索"是数学的又一个特征，体现着数学的创造性，数学教学的主要内容是概念、定理、公式、法则和应用，学习数学需要辨认、判断，用不同的方式表达意义，这必然要求学生用具有充分论据的思维去评价事物的真伪，把握事物的内在规律，提高发现事实和反驳谬误的能力．在数学教学的形式训练过程中始终贯穿着一种相信自我、理性分析、缜密推理、求实创新的严谨态度和思维，这种意识精神的内化确立，有助于学生诚实求真、坚持不懈、自强不息的人格品质的形成．

第四，造就坚韧毅力．数学史是一部追求真理的历史，数学是科学战胜神学的有力武器．数学史又是一部敢于自我否定、追求完善的历史，而在追求数学理想的征途上，展示着数学家们为真理而献身的伟大人格和崇高精神，这是对人们道德观念的一种震撼和教化．希帕萨斯因发现无理数而葬身大海，阿基米德因醉心数学而被乱兵所杀，在数学教学中适时地把定理公式与数学家逸事联系起来讲授，不仅有助于学生对所学知识的理解和记忆，而且可以培养学生坚强的意志和坚韧的毅力，这种品格的形成对学生学好数学尤其重要，因为真正的数学不是"听"懂的，而是"做"懂的，"任何一个学习数学的人都不可能完全脱离自己的手去掌握数学认识"．倘若没有坚强的意志、坚韧的毅力，没有坚定的信念，没有对数学的热爱与追求，那是很难将数学学习进行到底的．所以数学使人具有韧性，这一思维的不断强化将促使学生养成勇于面对挫折、敢于挑战困难、坚定不移追求真理的优秀品格．

数学既是一门科学，又是一门艺术，数学是美的王国，数学概念的简洁性、统一性，结构系统的协调性、对称性，数学命题和数学模型的概括性、典型性、普适性等都是数学美的内容．数学美的内容是丰富多彩的，它不仅是形式美，而且是内容美与严谨美，不仅是语言的精巧美，而且是方法美与思路美．正如英国数理哲学家罗素所说："数学，如果正确地看它，不但拥有直观，而且也有至高的美,正像雕刻的美是一种冷而严格的美,这种美不是投合我们天性的微弱的方面,这种美没有绘画或音乐那些华丽的装饰,它可以纯净到崇高的地步,能够达到严格的只有伟大的艺术才能显示的那种完满的境地."人们之所以没有认识到数学美,关键在于数学美的抽象和含蓄往往不易让人感受到,同时能感受和欣赏数学美的人必须具有一定的数学素养.因此,揭开数学美的面纱,展示数学美的风采,融合教学过程与审美过程,让学生体验美、享受美、创造美就成为数学教师的责任,提高学生理解和欣赏数学美学价值的素养,有利于他们充分认识数学的科学意义及文化内涵,有利于改变他们对数学枯燥无味的成见,从而激发他们学习数学的兴趣和积极性,陶冶情操,提高文化品位.

我在育人方面的几点做法:

一、简介名人的经历与成就.

在数学课堂教学中,结合本次课堂教学内容中出现的名人定理或公式,适当地向学生简单介绍名人的经历与成就,可以使课堂气氛活跃起来,并且可以激发学生探求知识的欲望.譬如在教授椭圆内容时,管道的斜截口是椭圆,而其侧面展开图又是正弦曲线,这并非是偶然的巧合,而是规律使然.又如在教授数列时,会提到意大利数学家斐波那契所著的《算盘书》中的这道题:"已知一对成熟兔子每一个月可生一对小兔子,小兔子一个月后成熟,第二个月可再生小兔子,问一对成熟的兔子在一年内能繁殖出多少对成熟的兔子?"有趣的不是这个问题的答案,而是每个月兔子总对数所形成的数列:1,1,2,3,5,8,13……这就是著名的斐波那契数列,更神奇的是它与黄金分割有关.

有关数学和数学家轶闻趣事的介绍,不仅寓乐于学,而且可以激发学生的好奇心和浓厚的学习兴趣.

二、在教学实例中揭示认识的辩证过程

认识的辩证过程包含两次飞跃:第一次飞跃是从实践中产生感性认识,然后能动地发展到理性认识;第二次飞跃是理性认识回到实践中去.结合教学实例讲解,可以使学生由感性认识的直接性和具体性逐步向理性认识的间接性和抽象性转化,从而揭示出凝结在数学对象形成过程中人类认识的辩证过程.

三、适时鼓励,创造氛围

成功是对奋斗的最佳褒奖,教师应力求给学生创造更多成功的机会,注重在成功的喜悦中培养兴趣、增强自信.教师对学生的赞扬绝不能吝啬!总之,通过各种方式鼓励学生要变被动学习为主动参与,这样才能有所进取.学生有了参与的愿望,教师就要在课堂教学中应努力为学生设置良好的参与情境.譬如在讲授圆锥曲线时,我坚持先演示后定义的方式,由感性上升到理性,尽量让学生动手,以留下深刻的印象!讲课时要循循善诱.譬如将圆的定义换言之:"在平面内,到重合的两点的距离之和为定长的点的轨迹."获得学生认可后再问:"将这2个点分开,情况又将如何呢?"这是从数学问题的角度设置情境.除此之外,我还尝试了将多种方案引入新课,比如从数学历史角度、现实生活角度等导入椭圆概念的教学.

数学离不开解题,在习题课上,为提高学生智力参与的能力,我经常剖析典型范例,阐明数学思想在解题过程中的指导作用.我一般先让学生独立探索,自己钻研,然后让学生交流、讨论、展示不同的解答,最后进行质疑、反思、总结一般规律.他们的好奇心、好胜心和创造欲油然而生!

数学在人类文明发展中发挥了重要作用,尤其是它的育人价值,这主要是通过数学教育实现的．在现代教育体系中，除了本国语言，数学是学习时间最长、学习内容最多的领域．作为一名高中数学教师，"提高学生数学素质，形成良好人格品质"就是我教学的终极目标．

三载风雨望京路，一世情缘八十中

今天，我站在毕业典礼的讲台上，心里涌动着无限的感慨．十八年前，我和你一样坐在下边参加自己的毕业典礼．今天，我站在你们毕业典礼的讲台上，衷心地祝贺你们即将开启一段人生新旅程．从今天开始，你们开满梦想之花的一段青春岁月即将成为永久美好的回忆，这就意味着你们即将离开美丽的八十中学——这个你们曾为之奋斗、为之欣喜、为之骄傲自豪的求知殿堂，当然也意味着你们即将与陪伴你们三度寒暑的校长、老师、同窗告别了，彼此珍重吧！

十四年的教学生涯不算短暂，但你们是我在八十中工作的第一届毕业生，这三年我们同甘共苦，我们一起成长，此时面对即将毕业的你们，我思绪万千．我想说一声感谢，感谢缘分让你我共同走进八十中学，感谢你们成了我的学生，感谢你们的求知若渴、永不言弃，是它给我带来工作的激情与动力；感谢你们的天真与叛逆，是它给我带来青春的回忆；感谢你们的成功与泪水，是它给我带来惊喜与感动；感谢你们的理解、宽容、尊重、认可，是它给我带来自我价值的满足．能在你们的成长历程中陪伴三年，我们所有的老师永远感到满足与骄傲！

除了感谢，我的心里还有些愧疚．押着你们背书、默写的文科老师；逼着你们做题、交作业的理科老师；控制你们打游戏、限制你们交往、引导家长挤压你们课余时间的班主任，实在有些不近人情，在此我代表所有老师说声"对不起"，今天我们把整个蓝天交给你，自由飞翔吧！鸿鹄高飞定能一举千里，羽翼已丰势必翱翔九天！

在这三年的高中时光里，我们忘不了你的成长．也许你是一名学习标兵，好学深思；也许你是一名学生干部，忙碌充实；也许你是一名社团之星，活跃上进；也许你是一名文体骨干，多才多艺；也许你是一名普通同学，沉稳静气．不管怎样，你度过了属于你自己的高中生活，让我们用热烈的掌声为这真实而美丽的三年喝彩吧！

蝉声被那南风吹来，校园里凤凰花正开，无限的离情充满心怀，最难忘师恩深如海．你们不停地与老师合影，似在诉说自己的留恋与不舍．老师也如你们一样留恋，尤其那些年长的老师，你们的毕业甚至就是他们从教生涯的最后一届毕业生，今天的典礼也属于他们，他们是金鼎老师、何凤学老师、周东屏老师，掌声祝福他们幸福健康！

相信你们也想感谢许多——父母的艰辛、领导的卓越、教师的非凡、职工的奉献，甚至校园的一草一木、一桌一椅，这是一种感恩情怀．同学们不仅仅要感激帮助过自己的人，还要时时对身边的每一个人，对社会、对国家怀有感恩之心，只有这样，才能把握住近在咫尺的幸福．

亲爱的同学们，高中毕业仅是一个里程碑，不是结束，而是新的开始．当你收拾好行囊开始新的征程的时候，老师还有两份希望：

第一，希望你们要有阳光的思想和饱满的激情．学会爱与包容，无论面对亲人、朋友还是对手．保持热情与专注，有些事，有些选择，认真一次，坚持一生，就足够了．

第二，希望你们永远能担起足够的责任，拥有坚定的目光．我们要永远坚守属于我们中华民族的道德底线、价值标准，这也是我校育人的目标之一．你们要掌握自己的人生航向，更要理解，一个逐渐成熟的人，必须坚强地担负起源于生活的责任．

再见吧！我们将远远地眺望你们前进的身影，并会一如既往地宽容、理解你们的挫折与失败，但我们更祝愿、渴望你们的荣光与成功，因为你们的成功也是我们的成功！

如果你听到了感慨，得到了感谢，种下了感恩，收到了祝福，我们的礼物就送到了．

三载风雨望京路，一世情缘八十中．常回家看看，老师等你，八十想你．

一路顺风，好梦成真！

北京市第八十中学全体教师
2009 年 6 月

走进学科，融入管理，把握未来

——高中生涯规划与管理的教学感悟

一、思想因你而改变

2014年9月，《国务院关于深化考试招生制度改革的实施意见》的出台，拉开了新一轮高考改革的序幕．"以往默默无闻的生涯规划教育因其所具有的培养学生选择能力的重要作用，站上了教育改革的前台．"从文理分科到6选3，我作为一名高中数学教师兼班主任，正经历着这些变化，如何定位自己，如何引领学生看待改革，是非常值得思考的问题．我们需要有意识地对学生进行生涯教育．

二、留下未来的期许

我作为一名数学教师，在注重知识、能力、素质培养的同时，还要在课堂上进行生涯教育渗透．

开学的第一节数学课我将其定位成学科生涯教育课．在这节课上，我不仅讲了数学是什么？为什么学习数学？（举例：培根说"数学是打开科学大门的钥匙"．中国科学院院士王选教授在北大方正软件技术学院开学典礼上的一句话："要成为一个合格的软件人才，需要有'扎实的数学功底''严密的逻辑思维能力'．"）还重点介绍了数学与大学专业的关系，提出了如下问题：从职业规划的角度说，与数学相关的专业有哪些？学习数学的可以做哪些工作？有工作前景、经济前景、发展空间的行业的现状、人才需求情况、薪资水平和资质要求如何？以此来唤醒学生的职业生涯意识. 此课激起了学生的极大好奇心与兴趣.

我在平时的数学课堂中，有意识地挖掘其中的生涯教育价值. 比如学习指数运算时，我设计了这样一道习题，"某人 2017 年 9 月 1 日到银行存入 a 元，若年利率为 p，按复利计息，则到 2020 年 9 月 1 日本息共多少元？"学生解决完问题后，除了进行必要的数学本质点拨以外，我还进行了这样的引导：数学专业，一般主要分金融数学，计算数学，应用数学. 金融业是薪酬比较高的行业，金融数学和计算数学偏向应用方面. 考金融经济方面的研究生，就业可选择银行、证券交易所、金融公司的相关工作. 应用数学（纯数学）主要是从事教师和数学科学研究. 不需要过多的时间，学生就自然地获得了生涯教育的必要信息. 我们要做学生的引路人. 为了引起学生对数学的重视，我补充上美国花旗银行副主席保尔·柯斯林的一句话："一个从事银行业务而不懂数学的人，无非只能做些无关紧要的小事."这样的教育方式可以说是授业的升华，真正关注学生的发展.

三、时间管理，成就未来

作为班主任，我们应如何看待在常规中出现的老问题，比如早晨迟到、课间走班迟到、作业不能及时完成、手机外显、迷恋游戏等. 绝不是批评制止那么简单！

这些问题的出现，其本质是一个自我管理问题，也是一个时间管理的问题. 要从根本上解决问题，我们就要践行生涯教育.

如何践行？我的途径是：学习，问卷，分析，讨论，分享，感悟. 下面以课例"时间管理"加以说明.

学习：

时间管理：指通过事先规划和运用一定的技巧、方法与工具实现对时间的灵活以及有效运用，从而实现个人或组织的既定目标．

时间管理是一个概念，更是一种方法，每一个人都需要对自己的时间进行时间管理，时间管理本质上是对自我的管理，自我管理即是改变坏习惯，更具效能，更快乐地生活学习．

问卷：

问卷之一：完成下列时间管理的测评，符合的画√，不符合的画×

对周六、周日生活学习有明确规划
课上集中注意力听讲
补弱科有计划并持之以恒
能利用自己的"黄金时间"做重要的事
每天早上或晚上临睡前用10分钟制订计划
学习时能避免电视、电脑、手机的吸引与干扰
经常利用空档时间整理学习资料
劳逸结合，注重身体与身心的放松
今日事今日毕，一般不拖延时间

分析：

统计分析问卷中的问题，将结果分享给学生，提出讨论的主要问题，比如以上呈现的就是九种时间管理的有效途径，引导学生对比反思，并能够践行应用．

讨论：（利用班会时间，小组讨论形式）

根据当前存在的问题，请学生以自己在校的一天为例，从中找出是哪些因素影响了自己时间的使用.

从影响时间使用的因素入手,通过学生讨论,得出比较科学、合理、高效地管理和使用自己时间的方法与策略.

把一切学习以外的时间都压缩到极致,是管理时间的终极目标吗?谈谈你的认识.

分享:(经验策略)

抓住"黄金时间"学习

利用好时间的最重要的原则,就是做最重要的事情.确保自己一直都在做最重要的事情,实际上也就是确保了自己的时间一直都在被高效地利用.如果你今天计划做五张试卷,语文、英语、数学、物理、化学各一张,那么,请先做你觉得你最需要提高的那门科目.这里就有一个科学做作业的问题.

用时间管理矩阵法管理时间

有效的时间管理主要是记录自己的时间(表格),认清时间耽误在什么地方了,管理自己的时间,将零星的时间集中起来,成为连续性的时间段.

今日事今日毕

习惯拖延时间是很多人在时间管理中的通病.

劳逸结合、适度放松

时间管理的最主要的冲突是我们的理性和情绪.一方面,我们喜欢做让自己感觉最舒服的事情,一方面理性又会要求我们牺牲眼前的舒服去做我们应该做的事情.能够牺牲眼前的快乐而为未来的快乐而努力,是一种意志更是一种智慧.

感悟：

放过了今天，就放过了主动，放过了充实，放过了幸福，放过了自豪，放过了成功．拖到明天，便拖来了懒惰，拖来了烦恼，拖来了懊悔，拖来了空虚，拖来了不幸．——魏书生

一个人掌握不了现在，就看不到未来，可以说没有时间管理就没有未来．

坚持改变一切！从数学上得来的感叹，$1.01^{365} \approx 37.8$，$0.99^{365} \approx 0.03$．1代表第一天的努力．每天比前一天多（或少）0.01，一年后多努力的与少努力的差距变化太大了！

可谓勤学如春起之苗，不见其增，日有所长；辍学如磨刀之石，不见其损，日有所亏．

四、为师之道，终身学习

我们的工作要与时俱进，从培养选科、选专业、职业生涯规划的能力，到帮助高中生对自我和外部世界进行整合，使之能够适应社会，实现人生价值，还有一条漫长的路．我会让生涯规划教育贯彻我的教育理念，始终坚信"生涯规划教育因践行而发展"．

第三章 精彩课堂——教育成功之路

课堂教学是学校教育教学的主阵地．追求有魅力的教学，成就精彩课堂，是每一个老师的愿望，精彩课堂是教学过程的最优化，教育效果的最大化，是师生完美配合的结晶．它既是一种理念，也是一种教学策略，更是我们课堂教学的基本追求．

教师要把追求课堂教学艺术的完美与课堂教学的精彩作为自己一生孜孜不倦的追求．只要我们面对问题和困难时，冷静思考，勇于实践，善于总结，不断超越，一定会一步一步地靠近精彩．

打造精彩课堂

精彩课堂来源于哪里？可能来源于杰出教师的执教，可能来源于精妙的教学设计，可能来源于有效的课堂管理，可能来源于丰富多彩的课堂生成，可能来源于学生的积极配合和行动．

如何打造精彩课堂？我体会比较深的有以下几个方面：激发兴趣的教学情境，灵活多样的教学方法，机智的课堂调控，自然连贯的教学细节等。在核心素养落实与提升的基础上，走向精彩．

数学这门学科，其知识内容具有抽象性、逻辑性等显著特点，这就不可避免地使学生学习数学时感到枯燥乏味，甚至学而生厌，所以激发兴趣对数学学习就尤为重要．我们必须想方设法创造丰富生动、富有趣味的教学情境，使抽象的数学知识具体化、形象化、生活化．

换一种思维、换一种教学方法，我的课堂是不是会更精彩？教学就应该像做游戏一样有趣，一道道题的破解不就是一种过关游戏吗？只是我们需要找到破解的秘籍，也就是一般规律与技巧．

智慧机智，充满哲理的课堂调控，也会吸引学生．课堂上需要幽默．当然不能离题太远，教师的幽默是对某种人生态度的认同，凝聚着人生智慧，智慧在于智趣，情感在于情趣，教师的幽默在于有趣，有趣就会使学生产生向心力，他们的能动性就会发挥．幽默不只是语言，我在上课时有时会有夸张的动作、表情，甚至语速语调也会发生巨大变化，总之幽默让你更受欢迎．

细节决定成败，细节造就专业。若能有意识地、创造性地开发好每一个教学细节，那么我们的课程就不会枯燥无味，从而创造精彩互动的教学氛围。教师备课要细，预设要多，比如重难点如何突破，题目编排如何由浅入深，问题设计如何层层递进，如何处理学生课堂的生成等，课堂观察要多，观察学生的学习行为、上课状态，反馈交流中的典型问题，教育的艺术就体现在敏锐地捕捉具有教育价值的细节，细节之处见精神。关注细节也是追求教学合理化、智慧化、精确化，是教学达到一定境界后的品位与追求。

新课程改革提出了"核心素养"，在立德树人的时代背景下，课堂上如何落实三基，提升学生学科素养，是我们需要不断研究的课题。首先，我们的整体教学目标站位要高，课堂不能仅仅关注知识的落实，而应以塑造学生必备品格和关键能力为目标。其次，在课堂上培养学生自主学习能力，小组合作意识，注重生命体验和精神成长是我们的重点。让生成性、发展性、创新性成为我们课堂的典型特色。选择恰当的教学模式，我一直坚持学案引导自学，体验探究悟学，教师点睛助学，交流评价促学的教学方法。

课堂是师生共同创作的一部作品，没有重播，也不可重演。如果每节课都做成了精品，对师生来说就是一种陶醉与享受。

课堂实录：测量问题中两角和与差的三角函数计算

课题名称：测量问题中两角和与差的三角函数计算

主讲教师：潘荣杰

录制时间：2015 年 5 月 4 日

教学过程实录：

一、问题情境，引发探究

教师：今天我们一起来学习"测量问题中两角和与差的三角函数计算"的第一课时，核心是探索两角和与差的三角函数的公式. 我们看这样一个问题.

问题1：某城市的电视发射塔建在市郊的一座小山上. 如图所示，在地平面上有一点A，测得A与山顶C两点间距离约为290米，利用测角仪测得$\angle CAD$为$30°$，$\angle BAD$为$45°$. 求这座电视发射塔DC的高度.

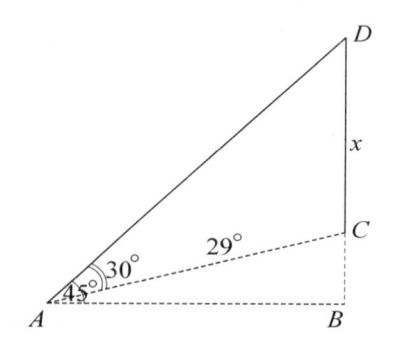

学生：设$DC = x$米，由$\angle BAD = 45°$，知$x + BC = AB$，即$x + 290\sin 15° = 200\cos 15°$

即 $x = 290(\cos 15° - \sin 15°)$.

教师:我们能否得到 $\sin 15° = \sin(45° - 30°) = ?$ 或 $\cos 15° = \cos(45° - 30°) = ?$ 或者说 $\sin 15°$ 或 $\cos 15°$ 与 $45°$、$30°$ 的正、余弦有关系吗?

二、探究特殊,大胆猜想

教师追问:

问题 2:能否通过直角三角形的边角关系求出 $\sin 15°$ 的值?

教师给出情境:等腰直角三角形 $\triangle ABC$ 中,$\angle ABC = 90°$,点 D 在边 BC 上,且 $\angle DAB = 30°$,$DE \perp AC$ 于 E,求 $\sin 15°$ 的值.

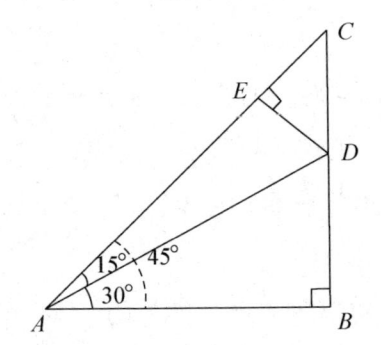

学生:设 $AB = 1$,

则 $BD = \tan 30°$,$BC = \tan 45°$,$AD = \dfrac{1}{\cos 30°}$,

$DE = \dfrac{\sin 15°}{\cos 30°}$,$AC = \dfrac{1}{\cos 45°}$.

在 $\triangle ACD$ 中,$CD \cdot AB = AC \cdot DE$,即 $(BC - BD) \cdot AB = AC \cdot DE$.

即 $\tan 45° - \tan 30° = \dfrac{1}{\cos 45°} \times \dfrac{\sin 15°}{\cos 30°}$.

$$\sin 15° = \sin 45° \cos 30° - \cos 45° \sin 30° = \frac{\sqrt{6}-\sqrt{2}}{4}.$$

教师点评:此种解法非常巧妙,巧妙之处在将于每一条线段用三角函数表示出来,而不是直接计算出数值,这样处理有利于猜出 $\sin(\alpha-\beta)$ 的公式.

教师追问:

问题 3:你能猜出 $\sin(\alpha-\beta)$ 与 α、β 的正、余弦之间的关系吗?

学生猜想:$\sin(\alpha-\beta) = \sin\alpha\cos\beta - \cos\alpha\sin\beta$.

三、数形结合,证明"一般"

教师追问:

问题 4:你能借助问题 2 的背景证明猜想的公式吗?

已知等腰直角三角形 $\triangle ABC$ 中,$\angle ABC = 90°$,$\angle CAB = \alpha$,点 D 在边 BC 上,且 $\angle DAB = \beta$,$DE \perp AC$ 于 E. 求证:$\sin(\alpha-\beta) = \sin\alpha\cos\beta - \cos\alpha\sin\beta$.

教师引导分析:构建等式不是唯一的,用不同的方式表示同一条线段(算两遍).

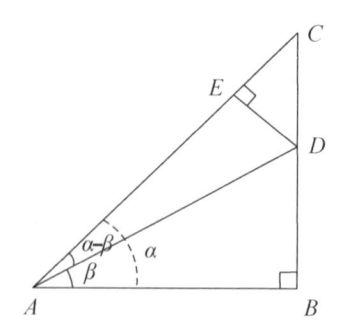

学生:设 $AD = 1$,

则 $DE = \sin(\alpha-\beta)$,$AB = \cos\beta$,$DB = \sin\beta$,

又 $\angle EDC = \alpha$，故 $CD = \dfrac{\sin(\alpha-\beta)}{\cos\alpha}$，

而 $CD = CB - DB = \tan\alpha\cos\beta - \sin\beta$，

所以 $\dfrac{\sin(\alpha-\beta)}{\cos\alpha} = \tan\alpha\cos\beta - \sin\beta$.

故 $\sin(\alpha-\beta) = \sin\alpha\cos\beta - \cos\alpha\sin\beta$.

教师点拨：巧用类比法，很好．推广工作较复杂，暂时不研究．

教师追问：

问题 5：如果知道 $\sin(\alpha-\beta)$ 的公式，我们能推导出 $\sin(\alpha+\beta)$、$\cos(\alpha+\beta)$、$\cos(\alpha-\beta)$ 的公式吗？

学生：由 $\sin(\alpha-\beta) = \sin\alpha\cos\beta - \cos\alpha\sin\beta$ ①

将 β 换成 $-\beta$ 得到 $\sin[\alpha-(-\beta)] = \sin\alpha\cos(-\beta) - \cos\alpha\sin(-\beta)$

即 $\sin(\alpha+\beta) = \sin\alpha\cos\beta + \cos\alpha\sin\beta$ ②

$$\cos(\alpha+\beta) = \sin\left[\dfrac{\pi}{2}-(\alpha+\beta)\right] = \sin\left[\left(\dfrac{\pi}{2}-\alpha\right)-\beta\right]$$

$$= \sin\left(\dfrac{\pi}{2}-\alpha\right)\cos\beta - \cos\left(\dfrac{\pi}{2}-\alpha\right)\sin\beta$$

$$= \cos\alpha\cos\beta - \sin\alpha\sin\beta \qquad ③$$

将 β 换成 $-\beta$ 得到 $\cos(\alpha-\beta) = \cos\alpha\cos\beta + \sin\alpha\sin\beta$ ④

教师点评：综合已有知识（诱导公式），巧用代换，建立知识之间的联系，这是很重要的，既复习巩固，又推陈出新．

教师追问：公式有何结构，有何功能？请求出 $\cos 15°$ 的值并解决前面问题中的求塔高问题．

学生：由 $\sin 15° = \dfrac{\sqrt{6}-\sqrt{2}}{4}$ 及 $\cos 15° = \cos(45°-30°) = \dfrac{\sqrt{6}+\sqrt{2}}{4}$，

得塔高 $x = 290(\cos 15° - \sin 15°) = 145\sqrt{2}$（米）．

教师点评：我们经历了提出问题、探索问题、猜想公式、证明公式、

应用公式、解决问题这样一个过程,这也是研究数学问题的一般思路.

四、自主合作,课堂展示

教师追问:

问题6:同学们,你是如何探索两角和与差的正弦、余弦公式的,能给予证明吗?

教师:不要求非常严谨地证明,能从两角为锐角构造模型解决问题即可.

小组四汇报:我们组主要有两种方法,一是借助三角形与前面证明类似,二是应用三角函数线推导差角的余弦公式.我们重点讲解三角函数线法.

设角 α 的终边与单位圆的交点为 P_1,$\angle POP_1 = \beta$,则 $\angle POx = \alpha - \beta$.

过点 P 作 $PM \perp x$ 轴,垂足为 M,那么 OM 即为 $\alpha - \beta$ 角的余弦线,这里要用表示 α、β 的正弦线、余弦线来表示 OM.

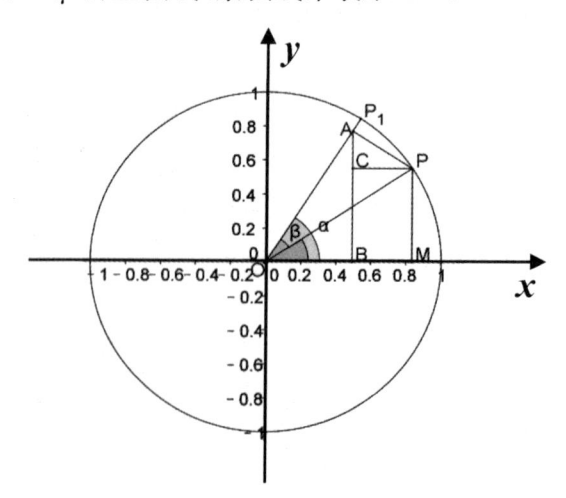

过点 P 作 $PA \perp OP_1$,垂足为 A,过点 A 作 $AB \perp x$ 轴,垂足为 B,

再过点 P 作 $PC \perp AB$，垂足为 C，那么 $\cos\beta = OA$，$\sin\beta = AP$，并且 $\angle PAC = \angle P_1Ox = \alpha$.

于是 $OM = OB + BM = OB + CP = OA\cos\alpha + AP\sin\alpha = \cos\alpha\cos\beta + \sin\alpha\sin\beta$.

综上所述，$\cos(\alpha - \beta) = \cos\alpha\cos\beta + \sin\alpha\sin\beta$.

教师点拨：应用三角函数线推导差角的余弦公式这一方法构思巧妙，但这种推导方法对于做辅助线要求较高，存在一定的困难. 此种证明方法的另一个问题是公式是在 α、β 均为锐角的情况下进行的证明，因此还要考虑 α、β 从锐角向任意角的推广问题.

小组三汇报：我们用数量积推导了差角的余弦公式。

在平面直角坐标系 xOy 内，作单位圆 O，以 Ox 为始边作角 α、β，它们的终边与单位圆的交点为 A、B，则 $\overrightarrow{OA} = (\cos\alpha, \sin\alpha)$，$\overrightarrow{OB} = (\cos\beta, \sin\beta)$，

由向量数量积的概念，有

$$\overrightarrow{OA} \cdot \overrightarrow{OB} = |\overrightarrow{OA}||\overrightarrow{OB}|\cos(\alpha - \beta) = \cos(\alpha - \beta)$$

由向量的数量积的坐标表示，有

$$\overrightarrow{OA} \cdot \overrightarrow{OB} = \cos\alpha\cos\beta + \sin\alpha\sin\beta$$

于是，有 $\cos(\alpha - \beta) = \cos\alpha\cos\beta + \sin\alpha\sin\beta$.

教师点拨：应用数量积推导余弦的差角公式无论是构造两个角的差，还是得到每个角的三角函数值都是容易实现的，而且从向量的数量积的定义和坐标运算两种形式求向量的数量积将二者之间结合起来，充分体现了向量在数学中的桥梁作用.

小组一汇报：应用三角形全等、两点间的距离公式推导和角的余弦公式.

设 $P_1(x_1, y_1)$，$P_2(x_2, y_2)$，

则有 $|P_1P_2| = \sqrt{(x_2-x_1)^2 + (y_2-y_1)^2}$

在直角坐标系内做单位圆,并做出任意角 α, $\alpha+\beta$ 和 $-\beta$,它们的终边分别交单位圆于 P_2、P_3 和 P_4 点,单位圆与 x 轴交于 P_1,则 $P_1(1,0)$、$P_2(\cos\alpha,\sin\alpha)$、$P_3(\cos(\alpha+\beta),\sin(\alpha+\beta))$、$P_4(\cos(\alpha-\beta),\sin(\alpha-\beta))$.

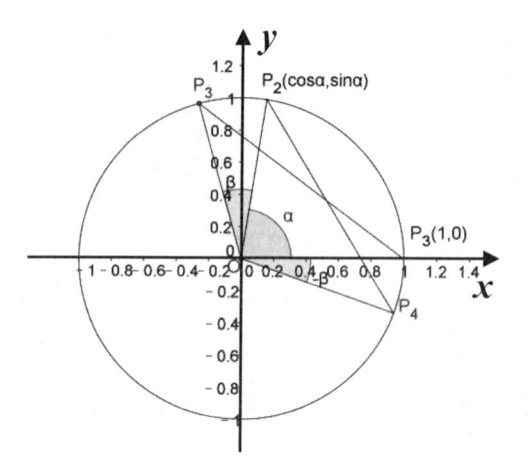

∵ $\angle P_1OP_3 = \angle P_4OP_2 = \alpha+\beta$,且 $|OP_1| = |OP_2| = |OP_3| = |OP_4| = 1$,

∴ $\triangle P_1OP_3 \cong \triangle P_4OP_2$,∴ $|P_1P_3| = |P_2P_4|$,即

$\sqrt{(\cos(\alpha+\beta)-1)^2 + (\sin(\alpha+\beta)-0)^2}$
$= \sqrt{(\cos\alpha - \cos(-\beta))^2 + (\sin\alpha - \sin(-\beta))^2}$

∴ $2 - 2\cos(\alpha+\beta) = 2 - 2\cos\alpha\cos\beta - 2\sin\alpha\sin\beta$,

∴ $\cos(\alpha+\beta) = \cos\alpha\cos\beta - \sin\alpha\sin\beta$.

教师点拨:该推导方法巧妙地将三角形全等和两点间的距离结合在一起,利用单位圆上与角 α、β 有关的四个点 $P_1(1,0)$、$P_2(\cos\alpha,\sin\alpha)$、$P_3(\cos(\alpha+\beta),\sin(\alpha+\beta))$、$P_4(\cos(\alpha-\beta),\sin(\alpha-\beta))$ 建立起等量关系,通过对等式的化简、变形就可以得到符合要求的和角的余弦公式. 在此种推导方法中,推导思路的产生是一个难点,另外对于 P_2、

O,P_4 三点在一条直线和 P_1,O,P_3 三点在一条直线上这一特殊情况, 还需要加以解释、说明.

小组二汇报:我们的方法有两种,一是应用三角形面积公式推导和角的正弦公式;二是构造几何图形推导和角的正弦公式.

方法一:设 α、β 是两个任意锐角,把 α、β 两个角的一条边拼在一起,顶点为 O,在公共边上取一点 B,过 B 点作 OB 的垂线,交 α 另一边于 A,

交 β 另一边于 C,则有 $S_{\triangle OAC} = S_{\triangle OAB} + S_{\triangle OBC}$.

根据三角形面积公式,有 $\frac{1}{2}|OA||OC|\sin(\alpha+\beta) = \frac{1}{2}|AB||OB| + \frac{1}{2}|BC||OB|$,

∴ $|OA||OC|\sin(\alpha+\beta) = |AB||OB| + |BC||OB|$.

∵ $|OB| = |OA|\cos\alpha = |OC|\cos\beta$,$|AB| = |OA|\sin\alpha$,$|BC| = |OC|\sin\beta$,

∴ $|OA||OC|\sin(\alpha+\beta) = |OA|\sin\alpha|OC|\cos\beta + |OA|\cos\alpha|OC|\sin\beta$,

∵ $|OA||OC| \neq 0$,∴ $\sin(\alpha+\beta) = \sin\alpha\cos\beta + \cos\alpha\sin\beta$.

方法二:构造几何图形学生手绘如下,设菱形边长为 1.

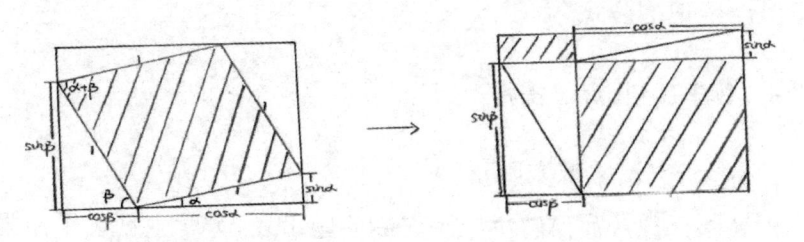

由阴影面积前后相等容易得 $\sin(\alpha+\beta) = \sin\alpha\cos\beta + \cos\alpha\sin\beta$.

学生:惊叹、鼓掌、感慨.

教师点拨:此两种推导方法堪称绝妙!特别是方法二的构造几何图形,绝对是首创.将数形结合用到了极致.正如高斯所说:"一个人在无结果地深思一个真理后能够用迂回的方法证明它,并且最后找到了它的最简明而又最自然的证法,那是极其令人高兴的."通过三角形面积的和巧妙地将两角和的三角函数与各个角的三角函数和联系在一起,缺点是公式还是在两个角为锐角的情况下进行的证明,因此同样需要将角的范围进行拓展.

五、课堂小结,概括提升

学生:

1. 本课重点是多角度探究两角和与差的正弦、余弦公式.

2. 本课数学思想方法丰富,比如:特殊到一般的研究问题的方法,向量的工具作用,数形结合思想,合情推理,类比思想,方程思想等.

教师:探究源于应用,源于已有知识,共同研究、合作探索,我们的收获会更多.

六、课后作业,综合回顾

1. 整理本课的不同证明公式的方法,指出公式的内在联系.

2. 熟练记忆公式.

七、教学后记,反思提高

1. 情境设计,来源实际

本教学设计从如何解决一个实际问题出发,为学生创设了激发学习欲望的数学情境、真实情境,这既符合公式的发生发展过程.又能调动学生的思维与研究兴趣.

2. 课堂教学，重视自主

自主学习的内容主要是通过投影进行展示，在这个过程中，学生自主提出公式的证明与公式的推导等问题，达到对公式的掌握；合作探究的问题通过分组探究、讨论，推选代表进行投影展示，在这个过程中，学生提出自己的看法见解．学生经历了提出问题、探索问题、猜想公式、证明公式、应用公式、解决问题的过程，这既是研究性学习的一般过程，也是研究数学问题的一般思路．

3. 教学过程，突出本质

本节课始终在教师的有效指导下，学生主动参与公式的发现、推导和应用，在活动中体会数学思想方法、领悟数学本质．不管先证明哪个公式，用哪种方法证明公式，教师都从学生的最近发展区入手进行引导与点评，符合学生认知规律的证明才是最好的．

4. 不拘教材，科学整合

教材将两角差的余弦公式作为"三角恒等变换"这一章的基础和出发点，公式的发现和证明是本节课的重点，也是难点．本节课没有直接给出两角差的余弦公式，而是分探求结果、证明结果两步进行研究，并从简单情况入手得出结果，然后推导其他五个公式．

由于和与差内在的联系性与统一性，我们可以在获得其中一个公式的基础上，通过角的变换得到另一个公式．这样我们就可以用"随机、自然进入"的方式选择其中一个作为突破口．所以让学生任意探索出和、差角的一个公式即可，这样的安排不仅使探究更加真实，也有利于学生用不同的途径与方法解决问题，培养他们的发散思维．

本节概念课体现了一定的完整性，课容量较大，学生思考与动手时间或多或少受到一定影响，课上只是展示了部分组同学的思维活动情况，有些环节可以再紧凑些，以给更多同学创造展示的机会．

用数学家的一句话来概括本节课的探究思路与学习感悟：

G·波利亚："在你证明一个数学定理之前，你必须猜想到这个定理；在你搞清证明细节之前，你必须猜想出证明的主导思想."

八、专家点评

点评专家：北京市朝阳区基础教育研究中心高中数学教研员，北京市特级教师王文英.

本课最大的特点：

1. 整合

整合就是研究性学习与学科教学的整合，如何整合？本课就给出一种方式，一种方法.能将研究性学习的学生自主性、探究性的学习方式引入学科教学中去，就能让学生成为教学的主体，教师作为学生学习和成长的朋友与导师，就可以和学生一起学习，一起成长.本课也可以看作数学学科内的一个小的研究性学习，本课设计体现了知识的渐进性，系统性.通过以上的相互渗透与整合，不仅能使学生体验用研究性学习方式学习，又能使学科知识得以延伸与拓展.

2. 突出亮点

（1）设计新颖、风格独到

本节课以两角差的正弦、余弦公式的探究为载体，以培养和发展学生的思维为教学的着力点，进行了精心的、富有创意的设计.具体表现在：① 紧紧抓住思维的"关键点"来"教思维"，既重视问题提出的自然性与合理性，也重视问题解决的自然性与合理性；② 教学重心前移，强化了公式的发现和证明的过程，整节课四分之三左右的时间用于问题的提出、公式的发现、证明思路的探讨；③ 强化了学生对数学思想方法和思维方法的感悟.

(2) 遵循教材、超越教材

遵循教材体现在:探究的整个框架没有变,第一步是猜想结果,第二步是证明结果.超越教材体现在:一是问题的引入做了调整,二是研究和思维的切入点做了调整,使猜想和证明的思路更加宽泛.让学生任意探索出和差角的一个公式即可,这样的安排不仅使探究更加真实,也有利于学生用不同的途径与方法解决问题,培养他们的发散思维.

(3) 数学思维、自然流畅

本节课教师在问题的提出、解决、拓展等方面都十分注意自然流畅这一点.教师紧紧抓住思维的"关键点",非常重视引导和帮助学生搞清楚"为什么"和"怎样想到"这两方面的问题,有助于培养创新意识.创新意识是理性思维的高层次表现,对数学问题的"观察、猜测、抽象、概括、证明",是发现问题和解决问题的重要途径,对数学知识的迁移、组合、融会的程度越高,显示出的创新意识也就越强.

(4) 探究过程、真实自然

一是关注问题的提出和解决的自然性与合理性,二是课堂上的小组合作,教师注意保证学生思考、讨论的时间,让学生充分表达自己的观点、看法、思路与感悟,真正做到了学生在教师的指导下自主探究、建构知识,强化一般性探究的思路与方法,激发学生探究的欲望.

(5) 自主学习、生成丰富

小组研究讨论,推选代表进行投影展示,在这个过程中,学生提出自己的看法见解,学生经历了提出问题、探索问题、猜想公式、证明公式、应用公式、解决问题这样一个过程,这既是研究性学习的一般过程,也是研究数学问题的一般思路.学生思维方法丰富独特,这是教学过程中生成的资源,十分宝贵.

总之,本节课教学定位清晰合理,数学思维自然流畅,学生探究真实自然,学习效果优质高效,是一节亮点纷呈,高品质、高效益的数学课,值得大家学习和研究.

朝阳区社会主义核心价值观精彩课堂教学设计与反思评

——抛物线及其标准方程

课题	抛物线及其标准方程	课型	新授	执教	潘荣杰
教学目标	①能将一元二次函数的图象与物理中的斜抛运动的轨迹建立联系 ②了解立体几何观点下的抛物线定义，理解焦点准线观点下的抛物线定义 ③通过比较、运算获得合理建立平面直角坐标系的方式，从而推导出抛物线标准方程．清楚焦准距p的几何意义．初步建立抛物线标准方程、焦点坐标及准线方程之间的联系 ④能用抛物线定义解决简单问题，具有转化意识 ⑤在了解抛物线的历史研究发展过程与证明抛物线的光学性质的过程中，体验人类不断探索的精神，体会数学文化价值与数学应用价值，激发自己学习数学的热情					
重点	抛物线的定义和抛物线的标准方程				
难点	定义的形成过程以及建立适当的直角坐标系推导抛物线标准方程				
教法	小组合作学习				
教学用具	传统实物教具、多媒体、黑板 学案				

教学过程：

一、问题情境，引发探究

问题1：我们在物理中学过物体作斜抛运动的轨迹是抛物线，那么如何用所学的数学知识说明这一事实呢？

我们在初中学过一元二次函数 $y=ax^2+bx+c$ ($a\neq 0$) 的图象

是抛物线,物体作斜抛运动可以转化为这样一个数学问题:一个物体向斜上方抛出,抛出时的速度大小为 v_0,方向与水平方向的夹角为 α. 假如只考虑重力,不计空气阻力. 求证:斜抛物体的运动轨迹是抛物线的一部分.

证明:学生讲解

设计意图:一元二次函数 $y=ax^2+bx+c\ (a\neq 0)$ 的图象是抛物线,物理中学过物体作斜抛运动的轨迹是抛物线. 这是学生的认知基础,但学生可能缺乏学科之间的联系,此问题就是让学生建立学科之间的联系,并由此来体会数学的应用价值.

问题2:抛物线具有怎样的几何特征呢?

抛物线在日常生活中用途相当广泛,我们经常看到的卫星接收器、雷达、手电筒等,它们的反射镜都是抛物面,抛物面的轴截面是抛物线的一部分,设计原理都是利用了抛物线的光学性质:平行于抛物线对称轴的入射光线,经抛物线上的一点反射后,都集中到对称轴上的一点,这点被称为"焦点",意为聚焦光线的点. 反之,从焦点发出的光线,经过抛物线上的一点反射后,反射光线平行于抛物线的轴. 我们现在研究具有这种光学性质的抛物线到底是怎样的曲线. 如图,光源在焦点 F 处,P 为抛物线上任意一点,FP 为入射光线,PM 为平行于对称轴的反射光线,下面我们来研究点 P 的性质.

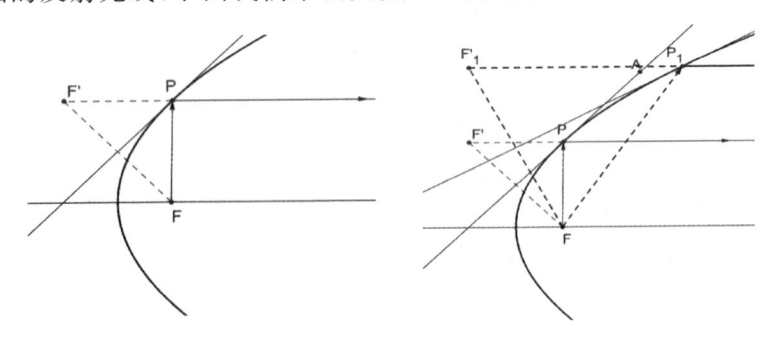

由光学性质可知,作光源 F 关于反射面 PA 对称的虚光源 F',则 $PF = PF'$.画出当点 P 在抛物线上其他一些位置时,虚光源 F' 的对应位置,请同学们观察并猜想,当点 P 取遍抛物线上的所有点时,对应虚光源 F' 的点构成了什么图形?并说明点 P 在抛物线上运动时,PF 与 PF' 的长度关系.

设计意图:人教 A 版教材处理抛物线的引入时,采用抛物线的机械画法,直接给出抛物线的轨迹定义.教材虽然简洁明了,但还是存在以下不足:一是未能让学生了解为什么要学习抛物线;二是抛物线的引入非常直接,学生的接受过程不是很自然,特别是焦点与准线的出现比较突兀;三是未能让学生了解学习抛物线的价值所在.

新课程标准指出:"要展现知识的发生、发展、形成和应用的过程,加强数学学习活动,提供学生亲身感受、体验的机会."

荷兰著名数学教育家弗莱登塔尔指出,实际生活中,许多概念并不是通过定义学到的,而是接触了大量实例,经反复观察、对比、体会后归纳出来的.

以抛物线的光学性质为背景构建问题情境,目的是让学生通过自主探究,参与数学知识、方法的"再创造",体会轨迹定义中焦点和准线概念的自然发生过程.

二、引出概念,联系实际

教师用几何画板演示,学生再次感受抛物线的几何特征.得出抛物线定义.

抛物线的定义:平面内与一个定点和一条定直线 l(l 不经过点 F)的距离相等的点的轨迹.点 F 叫作抛物线的焦点,直线 l 叫作抛物线的准线.F 到直线 l 的距离 p 叫作焦准距.

点拨:此种定义反映了抛物线的几何本质,我们为什么还要研究抛物线呢?原因之一就是抛物线是几何图形,要揭示几何本质就要对几何图形中的不变量进行研究.

问题3:你能举出生活中一些与抛物线有关的例子吗?

设计意图:体现抛物线的实用价值和美学价值,学生感受学习抛物线的必要性,有利于激发学生学习动机.

问题4:抛物线有其对应方程,你认为如何建系,能使得抛物线的方程更为简单?

三、方程推导,概念升华

学生建系可能有多种情况,让学生小组合作推导方程,然后比较,以此感受哪一种建系更好.

结论:$y^2 = 2px$ ($p > 0$)叫作抛物线的标准方程.它表示的抛物线的焦点在 x 轴的正半轴,焦点坐标是 $\left(\dfrac{p}{2}, 0\right)$,准线方程是 $x = -\dfrac{p}{2}$.

设计意图:学生通过比较、运算来自己感受哪一种建系更好,体现自主探索、合作学习.同时让学生感悟简洁是数学的追求之一.

问题5:选择不同的坐标系将得到不同形式的标准方程,课后完成表格,并找到自己的记忆方法?(见课后作业)

设计意图:此部分内容放在下一节课研究,本节重点突出抛物线概念的形成与多角度了解抛物线以及抛物线的光学性质的实际应用.

问题6:你知道历史上圆锥曲线的几种定义形式吗?

(1) 几何观点

用一个平面去截一个圆锥面,一般得到的交线就称为圆锥曲线,当平面与圆锥面的一条母线平行,且不过圆锥顶点时,结果为抛物线.代表人物:古希腊数学家阿波罗尼奥斯(前 262－前 190 年),代表巨著《圆锥曲线论》,他几乎将圆锥曲线的性质网罗殆尽,后人几乎无插足余地.

(2) 焦点准线观点

圆锥曲线是一动点到一定点和到一定直线距离的比是常数的轨迹.

常数等于 1 时为抛物线.代表人物:公元 340 年,希腊学者帕普斯(被认为是古希腊最后一位伟大数学家).

比利时数学家 G. F. Dandelin 1822 年证明了圆锥曲线几何定义与焦点准线定义的等价性.从而解决了古希腊的截面定义和抛物线轨迹定义之间的不连贯.

(3) 代数观点

在笛卡尔平面上,圆锥曲线的方程是二元二次方程 $Ax^2 + Bxy + Cy^2 + Dx + Ey + F = 0$.

代表人物:法国两位数学家笛卡尔(1596－1650)和费尔马(1603－1665).

设计意图:数学作为知识的一部分,与其他知识领域有着紧密的联系.我们要尽可能多的同其他科目建立联系,比如历史、科学、哲学、社会科学、艺术、音乐、文学等,这样才能使数学的发展同人类文明的发展联系起来.与数学史联系起来,至少可以让学生感受到数学家探索的艰辛与成就的伟大,以此来激励学生学习的热情.

四、概念应用,相互交融

例题 1:

① 若一个动点 $P(x,y)$ 到一个定点 $F(1,0)$ 和一条定直线 $l:x=-1$ 的距离相等,这个点的运动轨迹方程是_____,轨迹

是_____.

② 画出抛物线 $y^2 = 4x$ 的图形,并指出焦点坐标及准线方程.

③ 抛物线 $y^2 = 2px$ $(p > 0)$ 上一点 M 到焦点的距离是 a $\left(a > \dfrac{p}{2}\right)$,则点 M 到准线的距离是_____,点 M 的横坐标是_____.

设计意图:本题组是抛物线定义及标准方程的初步应用,题目突出体现了定义中的距离转化,意在培养学生的转化意识.

例题2:微波通讯、聚热、发电(如太阳灶、太阳炉、太阳能光电站)等方面都用到了抛物线的"光学特性".

① 从抛物线的焦点发出的光,经过抛物线反射后,反射光线都平行于抛物线的对称轴.

② 一束平行光垂直于抛物线的准线,向抛物线的开口射进来,经抛物线反射后,反射光线汇聚在抛物线的焦点.

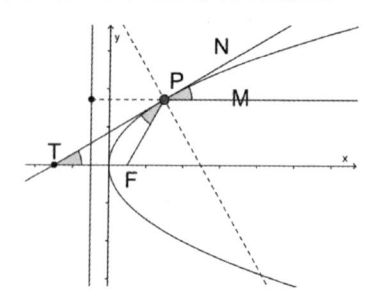

上述性质你能找到证明的思路吗?

教师:提示学生用情境中的图形作为背景进行研究.

学生:小组讨论、分析、汇报、补充.

设计意图:抛物线在实际生活中有诸多应用,而且是数学发展中的重大成果之一,具有丰富的实用价值和文化价值.阿波罗尼奥斯的《圆锥曲线》只提到椭圆和双曲线的焦点而没有提到抛物线的焦点,更没有焦点准线的统一定义,可能没有发现抛物线的光学性质.通过让学生去挑战问题,可以培养其积极主动、勇于探索的学习方式,去感受解析法的巨大魅力,以及在"再创造"的过程中获得成功、喜悦.

五、课堂小结,概括提升

1. 本课重点从焦点准线观点与方程观点认识了抛物线,了解了抛物线的其他定义形式.

2. 本课数学思想方法丰富,如合情推理、转化思想、数形结合.

3. 了解数学历史、数学文化,数学来源于生活又服务于生活,我们要学以致用,要与其他知识相联系,数学是有用的,数学让我们严谨,数学让我们明辨是非.

六、课后作业,水平渐升

1. 已知抛物线的标准方程是 $y^2 = 8x$,求它的焦点坐标和准线方程.

2. 已知抛物线的顶点在原点,对称轴为 x 轴,抛物线上的点 $M(3, m)$ 到焦点的距离等于 5,求抛物线的方程和 m 的值.

3. 选择不同的坐标系将得到不同形式的标准方程,请完成表格,并找到自己的记忆方法.

抛物线的标准方程的四种形式

图形	标准方程	焦点坐标	准线方程
	$y^2 = 2px(p>0)$	$\left(\dfrac{p}{2}, 0\right)$	$x = -\dfrac{p}{2}$

续表

图形	标准方程	焦点坐标	准线方程

4. 已知点 P 是焦点为 F 的抛物线 $y^2=2x$ 上的一个动点，点 $A(3,2)$，求 $|PA|+|PF|$ 的最小值.

七、课外活动，激增兴趣

在一个星期内，每小组完成一篇关于圆锥曲线发展史或三种定义的等价关系证明的数学小论文.

八、专家点评

王贵军，特级教师，正高级教师，高考命题专家.

本课遵循概念学习的六个环节，重点放在了概念的引入、归纳这两个环节，概念引入自然，用实例归纳出概念，给学生提供了亲身感受、体验的机会.

情境设计独具匠心,以抛物线光学性质引入,以抛物线光学性质证明与应用结束,前后呼应.抛物线在实际生活中有诸多应用,而且是数学发展中的重大成果之一,具有丰富的实用价值和文化价值.本节课很好地体现了这两种价值.

难点突破讲究方式方法.问题情境的设计,突破了概念自然发生这一难点,学生通过两种建系方式的对比突破了"合理建系"这一难点,课前预习、合作学习解决了抛物线光学性质的证明这一难点.

教学过程突出数学本质.本课始终从数(标准方程)与形(几何特征)两个方面揭示抛物线的本质特征.从学生已有知识出发,让学生在问题解决的过程中合情找出抛物线的几何特征,给学生留下较深刻的印象.

本课注重拓展提升,注重数学文化,既尊重历史,又尊重教材.多角度认识抛物线,感受其中的文化价值.

本课引领学生通过各领域知识的学习,在逐步培养抽象、推理、想象、创造等能力的过程中渗透社会主义核心价值观教育.在参与观察、实验、猜想、证明等活动中发展演绎推理能力,培养学生观察问题、提出问题、分析问题、解决问题的科学探究能力,有利于学生养成认真勤奋、独立思考、合作交流、反思质疑的学习习惯,形成严谨求实的科学态度.最终让学生在解决问题的"再创造"过程中建构属于自己的认知结构,改变对数学的态度,认识到数学的科学价值和应用价值.

第四章　　乐于分享 —— 共同进步之路

教师的无私,不只在对待自己的学生.将自己积累的经验传授给更多学生,传授给更多的同行,特别是青年教师,也是中年教师的责任.一个人愿意把自己认为好的东西、自己喜欢的东西拿出来与别人分享,这是一种美德,更是一种境界.我追求这种境界.

我们要知道,好的东西与别人分享,你并不是失去,而是得到,你在分享中获得了更多的快乐.分享使我成长.我最喜欢的美国大文豪马克·吐温的一句话:"悲伤可以自行料理;而欢乐的滋味如果要充分体会,你就必须有人分享才行."

分享的快乐

手机改变了我们的生活,我们每天可以看到朋友圈里晒出的美图、美景、美文、温暖的故事、难觅的数学资料……我们无比快乐,因为分享.

善于分享的人,常常是快乐的人.所谓"赠人玫瑰,手留余香".比尔·盖茨曾说:"每天清晨当我醒来,我便思索着如何与他人分享我的快乐,因为那会使我更快乐."盖茨的确如其所言做到了分享,他与世人分享他最新的研发成果;他与社会分享自己的财富;他在分享中得到了人们的敬重,在敬重里获得了更多的快乐.不愿分享的人,只能在以自我为中心的小圈子中自以为"幸福"地度过每一天.而懂得分享乐、于分享的人,才能够提升人生的情趣与境界,才能赢得人们的尊敬.

我的恩师王贵军老师,他是一位特级教师,一位正高级教师."德高望重、业务精深、工作繁忙、乐于分享"是他真实的写照.他时刻都在帮助着身边的人,把自己的经验毫无保留地传授给我们.这就是教师的无私,不只在对待自己的学生,更将自己积累的经验传授给更多学生,传授给更多的同行.一个人愿意把自己认为好的东西、自己喜欢的东西拿出来与别人分享,这是一种美德,更是一种境界,我追求这种境界.

我一直积极参与硕士研究生导师工作、校内"师带徒"工作以及校外的兼职支教、业务指导工作,每一项工作我都会倾我所有,高效传授,深入交流,帮助解决困惑.也有人会说,你做这些工作图个啥?不累吗?当我点燃了即将新入职的同行的教育之火,当我提高了青年教师对教学本质的认识,当我去除了外校教研组老师压抑许久的困惑,我都会感到无比幸福!辛苦点又算什么呢.并且我也会从他们身上发现解决问题的新思路,再进行反思、实践,可以说也是一种学习.尽管自己水平有限,但有益的想法、有用的知识拿来与人分享,可能会让人长久受益.

任何层面的教研,我都会认真准备,每一次讲座都力争将自己最成熟的教法传授给老师,不断打磨讲稿,每一次讲座都得到老师的高度认可与赞誉.同行们常常这样评价我的讲座:"实用的讲座""最接地气的讲座".其实我自己的水平有限,所以更不敢有丝毫的懈怠.

我会统筹安排讲座内容,比如高三一轮与二轮复习中"导数复习"应怎样安排教学专题,讲到什么程度,重点解决什么问题,教学怎样循序渐进,难点突破有哪些新方法、新手段,从本质到手段,我都会拿出方案与实例与老师交流.

这个世界就是有了分享才变得如此的美丽,无论你与人分享的是快乐或是痛苦,是欢笑或是眼泪.生命因分享而充实,因分享而充满激情,因分享而多姿多彩.因为,分享是快乐的!我想送大家一句话,"我不想知道你的烦恼,因为我帮不到你,我只想知道你的快乐,因为那样我会知道尽管有千难万阻,你仍在快乐地生活".

高三教研讲座"抓本质、多角度、成系统
——高三数学一轮复习之函数与导数"

一、一轮复习教学内容的教学安排

进入一轮复习，应考虑高三整体复习计划，当然现在需要思考一轮复习阶段重点解决什么？解决到什么程度？针对学生实际我的计划是什么？还有从教师专业成长角度，我们需要提升自己对专题的整体认识，需要提升自己对考试研究的能力．学习永无止境！

在教学内容安排上可以设计以下专题：

1. 基本概念

导数概念、导数几何意义（切线问题）、求导法则、导数与单调性的关系、极值、最值、简单的建模应用．

2. 熟练掌握求含参函数的单调区间的方法

3. 掌握不等式证明的一般方法

4. 会利用导数解不等式

5. 掌握恒成立（有解）问题的一般方法

6. 对零点问题的几个基本认识

7. 构造函数

二、教学策略

学生对导数问题的解答一般要经历四个环节："分析问题""构

建函数""研究函数""解决问题". 教学时要处处体现这四个环节. 为了便于学生解决基本的数学问题,可以采取小专题形式进行复习,当然要层次清楚,突出一般解法,补充其他策略,课时可根据学生实际进行安排. 一般先回顾基本概念和基本的解题方法步骤,以题为载体进行复习. 然后进行含参数函数的单调区间研究,这时可加入含参函数求极值、最值问题. 最后进行不等式证明、解不等式、求参数范围、零点问题的专题讲解,主要介绍常规的方法,为后续学习做准备. 二次求导、隐零点可以视学生程度增减. 如何选题、用题、选题时要突出研究的主要问题,一般可将成题分类、分解.

三、典型问题

下面以实例来说明具体教学的实际操作.

（一）极值教学

1.（2019 朝阳一模改编）已知函数 $f(x)=\dfrac{\ln(ax)}{x}(a\in R$ 且 $a\neq 0)$,讨论函数 $f(x)$ 的极值.

解析:求导得 $f'(x)=\dfrac{1-\ln(ax)}{x^2}$. 令 $f'(x)=0$,因为 $a\neq 0$ 可得 $x=\dfrac{e}{a}$.

(1) 当 $a>0$ 时,$f(x)$ 的定义域为 $(0,+\infty)$.

当 x 变化时,$f'(x)$,$f(x)$ 变化情况如下表：

x	$\left(0,\dfrac{e}{a}\right)$	$\dfrac{e}{a}$	$\left(\dfrac{e}{a},+\infty\right)$
$f'(x)$	+	0	−
$f(x)$	↗	极大值	↘

此时 $f(x)$ 有极大值 $f\left(\dfrac{e}{a}\right)=\dfrac{a}{e}$,无极小值.

(2) 当 $a<0$ 时,$f(x)$ 的定义域为 $(-\infty,0)$,

当 x 变化时,$f'(x)$、$f(x)$ 变化情况如下表：

x	$\left(-\infty,\dfrac{e}{a}\right)$	$\dfrac{e}{a}$	$\left(\dfrac{e}{a},0\right)$
$f'(x)$	$-$	0	$+$
$f(x)$	↘	极小值	↗

此时 $f(x)$ 有极小值 $f\left(\dfrac{e}{a}\right)=\dfrac{a}{e}$,无极大值.

说明：一轮复习过程中,最好不要直接让学生去做综合题,我们可以适当改编高考题或模拟题甚至自编题. 改编时可以适当去除其他问,或分解某一问,回到问题本质,使得解决问题的思路更加完整,主题更突出. 本题是一个正面问题,难度适中,有助于复习求导法则、极值概念、分类讨论,教师要强调定义域、规范书写.

2.（2016 山东文改编）设 $f(x)=x\ln x-ax^2+(2a-1)x$ $(a\in R)$,若 $f(x)$ 在 $x=1$ 处取得极大值,求实数 a 的取值范围.

解析：由 $f'(x)=\ln x-2ax+2a$ 知,$f'(1)=0$. $f''(x)=\dfrac{1}{x}-2a=\dfrac{1-2ax}{x}$

① 当 $a\leqslant 0$ 时,当 $x\in(0,1)$ 时,$f'(x)<0$,$f(x)$ 单调递减.

当 $x\in(1,+\infty)$ 时,$f'(x)>0$,$f(x)$ 单调递增. 所以 $f(x)$ 在 $x=1$ 处取得极小值,不合题意.

② 当 $0<a<\dfrac{1}{2}$ 时,$\dfrac{1}{2a}>1$,可知 $f'(x)$ 在 $\left(0,\dfrac{1}{2a}\right)$ 内单调递增,

$x\in(0,1)$ 时,$f'(x)<0$,$x\in\left(1,\dfrac{1}{2a}\right)$ 时,$f'(x)>0$,

$f(x)$在$(0,1)$内单调递减,在$\left(1,\dfrac{1}{2a}\right)$内单调递增,

所以$f(x)$在$x=1$处取得极小值,不合题意.

③当$a=\dfrac{1}{2}$时,即$\dfrac{1}{2a}=1$时,$f'(x)$在$(0,1)$内单调递增,在$(1,+\infty)$内单调递减,

所以当$x\in(0,+\infty)$时,$f'(x)\leqslant 0$,$f(x)$单调递减,不合题意.

④当$a>\dfrac{1}{2}$时,即$0<\dfrac{1}{2a}<1$,当$x\in\left(\dfrac{1}{2a},1\right)$时,$f'(x)>0$,$f(x)$单调递增,

当$x\in(1,+\infty)$时,$f'(x)<0$,$f(x)$单调递减,所以$f(x)$在$x=1$处取得极大值,合题意.

说明:这时一个逆向问题,可以加深学生对极值概念的深入理解,极大值点一定落在导数的减区间内,极小值点一定落在导数的增区间内.从高观点来说,$f(x)$在$x=1$处取得极大值,$f(x)$上凸,只需$f''(1)>0$,而$f''(1)=1-2a>0$,得$a>\dfrac{1}{2}$,可快速获得答案.当然还要检验$f''(1)=0$时,$f'(x)$在$x=1$附近是否单调递减.从教师专业成长来说,我们应了解这些.

3.已知函数$f(x)=(x^2-a)e^x$,$a\in R$.若函数$f(x)$有两个不同的极值点x_1、x_2,求证:$f(x_1)f(x_2)<4e^{-2}$.

解析:$f'(x)=e^x(x^2+2x-a)$.

因为函数$f(x)$有两个不同的极值点,即$f'(x)$有两个不同的零点,

即方程$x^2+2x-a=0$的判别式$\Delta=4+4a>0$,解得$a>-1$.

由$x^2+2x-a=0$,解得$x_1=-1-\sqrt{a+1}$,$x_2=-1+\sqrt{a+1}$.

此时 $x_1+x_2=-2, x_1x_2=-a$.

随着 x 的变化，$f(x)$ 和 $f'(x)$ 的变化情况如下：

x	$(-\infty, x_1)$	x_1	(x_1, x_2)	x_2	$(x_2, +\infty)$
$f'(x)$	+	0	−	0	+
$f(x)$	↗	极大值	↘	极小值	↗

所以 x_1 是函数 $f(x)$ 的极大值点，x_2 是函数 $f(x)$ 的极小值点.

所以 $f(x_1)$ 为极大值，$f(x_2)$ 为极小值.

所以 $f(x_1)f(x_2) = e^{x_1}(x_1^2-a) \times e^{x_2}(x_2^2-a) = e^{x_1+x_2}[x_1^2 x_2^2 - a(x_1^2+x_2^2)+a^2] = e^{x_1+x_2}\{x_1^2 x_2^2 - a[(x_1+x_2)^2 - 2x_1x_2]+a^2\} = e^{-2}[a^2-a(4+2a)+a^2] = -4ae^{-2}$.

因为 $a>-1$，所以 $-4ae^{-2}<4e^{-2}$. 所以 $f(x_1)f(x_2)<4e^{-2}$.

说明：极值问题与方程根问题相关，也可以说是零点问题的一种，当导数与二次函数有关时，可以利用韦达定理来简化问题.

(二) 单调性的教学

导数相当于一次型

1. $f(x) = ax+(2-a)\ln x$ $(a \in R)$，求 $f(x)$ 的单调区间.

分析：$f(x)$ 的定义域 $(0, +\infty)$，$f'(x) = a + \dfrac{2-a}{x} = \dfrac{ax+2-a}{x}(a \in R)$.

导数的正负取决于分子，只研究 $g(x) = ax+2-a(a \in R)$ 即可，我们称导数相当于一次型函数，令 $f'(x)>0$，不就直接可以求出函数的单调增区间了吗？而要解不等式 $ax+2-a>0$，还需考虑参数 a 的正负，以及解集与定义域$(0, +\infty)$ 的关系，可以分类研究，但比较复杂.

研究导数的正负还有什么角度？确定 $g(x) = ax + 2 - a(a \in R)$ 的图象就是一种角度，图象一旦确定，导数的正负就随之确定了．影响图象的因素是分类讨论的分界点确定的依据．对于一条直线我们当然要考虑它斜率的正负，以及它有零点时，零点是否在定义域内．

如何倾斜：a 应该从 0 断开．

$f'(x) = 0$ 的根是否在定义域内：$\dfrac{a-2}{a} - 0 = \dfrac{a-2}{a}$（考虑 $\dfrac{a-2}{a}$ 的正负），a 应该从 0、2 断开．

综上，a 应该从 0、2 断开进行讨论，应将 a 分成：$a < 0$；$a = 0$；$0 < a < 2$；$a = 2$；$a > 2$ 五类进行研究．当熟练到一定程度，再考虑 $a = 0$ 与 $a = 2$ 是否可以与其他类合并．这样就在解题之前整体确定了分类的情况，这样的分类真正做到了不重不漏！解答时结合前面的分析，每一类导数的正负都可以用一次型函数的图象表示出来，答案一目了然，只要规范书写就可以了．

规范解答：$f(x)$ 的定义域 $(0, +\infty)$，$f'(x) = a + \dfrac{2-a}{x} = \dfrac{ax + 2 - a}{x}(a \in R)$．

① 当 $a < 0$ 时，令 $f'(x) > 0$，得 $0 < x < \dfrac{a-2}{a}$，所以 $f(x)$ 的增区间为 $\left(0, \dfrac{a-2}{a}\right)$．

令 $f'(x) < 0$，得 $x > \dfrac{a-2}{a}$，所以 $f(x)$ 的减区间为 $\left(\dfrac{a-2}{a}, +\infty\right)$．

② 当 $0 \leqslant a \leqslant 2$ 时，$f'(x) > 0$ 在 $(0, +\infty)$ 上恒成立，所以 $f(x)$ 的增区间为 $(0, +\infty)$．

令 $f'(x) < 0$，得 $0 < x < \dfrac{a-2}{a}$，所以 $f(x)$ 的减区间为 $\left(0, \dfrac{a-2}{a}\right)$.

综上：$a < 0$ 时，$f(x)$ 的增区间为 $\left(0, \dfrac{a-2}{a}\right)$，减区间为 $\left(\dfrac{a-2}{a}, +\infty\right)$.

$0 \leqslant a \leqslant 2$ 时，$f(x)$ 的增区间为 $(0, +\infty)$.

$a > 2$ 时，$f(x)$ 的增区间为 $\left(\dfrac{a-2}{a}, +\infty\right)$，减区间为 $\left(0, \dfrac{a-2}{a}\right)$.

说明：对于导数相当于一次型函数，考虑导函数图象如何倾斜，再结合 $f'(x) = 0$ 的根是否在定义域内，进行分类讨论. 在研究问题中含有变化不定的动态因素，不能用同一种方法解决或同一种形式叙述时，就要对问题精心分类讨论. 分类解答问题后，还需把它们整合在一起，有分有合，先分后和，这是分类与整合思想的本质属性.

导数相当于二次分解型

2. $f(x) = a\ln x + \dfrac{1-a}{2}x^2 - x (a \in R)$，求函数 $f(x)$ 单调区间.

分析：$f(x)$ 的定义域 $(0, +\infty)$，$f'(x) = \dfrac{a}{x} + (1-a)x - 1 = \dfrac{(x-1)[(1-a)x - a]}{x}$. 导数的正负取决于分子，只研究 $g(x) = (x-1)[(1-a)x - a]$ 的正负即可，我们称导数相当于二次分解型函数，同样很难直接去解 $f'(x) > 0$，我们可以考虑确定 $g(x) = (x-1)[(1-a)x - a]$ 的图象，影响图象的因素有开口方向、两根的大小关系、每个根是否在定义域内.

开口：a 应该从"1"断开.

根大小：$\frac{a}{1-a} - 1 = \frac{2a-1}{1-a}$，用图表示$\frac{2a-1}{1-a}$的正负情况. a应该从"$\frac{1}{2}$""1"断开.

根是否在定义域内：$\frac{a}{1-a} - 0 = \frac{a}{1-a}$，$a$应该从"0""1"断开.

综上，a应该从"0""$\frac{1}{2}$""1"断开，

应分成$a < 0, a = 0, 0 < a < \frac{1}{2}, a = \frac{1}{2}, \frac{1}{2} < a < 1, a = 1, a > 1$七类进行研究.

每一类再回看上面的分析，就会迅速得出答案.

解答：$f(x)$的定义域$(0, +\infty)$，$f'(x) = \frac{a}{x} + (1-a)x - 1 = \frac{(x-1)[(1-a)x - a]}{x}$.

① 当$a < 0$时，令$f'(x) > 0$，得$x > 1$，$f(x)$的增区间为$(1, +\infty)$.

令$f'(x) < 0$，得$0 < x < 1$，$f(x)$的减区间为$(0, 1)$.

② 当$a = 0$时，令$f'(x) > 0$，得$x > 1$，$f(x)$的增区间为$(1, +\infty)$.

令$f'(x) < 0$，得$0 < x < 1$，$f(x)$的减区间为$(0, 1)$.

③ 当$0 < a < \frac{1}{2}$时，令$f'(x) > 0$，得$0 < x < \frac{a}{1-a}$或$x > 1$，$f(x)$的增区间为$\left(0, \frac{a}{1-a}\right)$，$(1, +\infty)$.

令$f'(x) < 0$，得$\frac{a}{1-a} < x < 1$，$f(x)$的减区间为$\left(\frac{a}{1-a}, 1\right)$.

④当 $a = \frac{1}{2}$ 时,$f'(x) \geqslant 0$ 在 $(0, +\infty)$ 上恒成立,所以 $f(x)$ 的增区间为 $(0, +\infty)$.

⑤当 $\frac{1}{2} < a < 1$ 时,令 $f'(x) > 0$,得 $0 < x < 1$ 或 $x > \frac{a}{1-a}$,$f(x)$ 的增区间为 $(0, 1)$,$\left(\frac{a}{1-a}, +\infty\right)$.

令 $f'(x) < 0$,得 $1 < x < \frac{a}{1-a}$,$f(x)$ 的减区间为 $\left(1, \frac{a}{1-a}\right)$.

⑥当 $a = 1$ 时,令 $f'(x) > 0$,得 $0 < x < 1$,$f(x)$ 的增区间为 $(0, 1)$.

令 $f'(x) < 0$,得 $x > 1$,$f(x)$ 的减区间为 $(1, +\infty)$.

⑦当 $a > 1$ 时,令 $f'(x) > 0$,得 $0 < x < 1$,$f(x)$ 的增区间为 $(0, 1)$.

令 $f'(x) < 0$,得 $x > 1$,$f(x)$ 的减区间为 $(1, +\infty)$.

综上: $a \leqslant 0$ 时,$f(x)$ 的增区间为 $(1, +\infty)$,减区间为 $(0, 1)$;

$0 < a < \frac{1}{2}$ 时,$f(x)$ 的增区间为 $\left(0, \frac{a}{1-a}\right)$,$(1, +\infty)$,减区间为 $\left(\frac{a}{1-a}, 1\right)$;

$a = \frac{1}{2}$ 时,$f(x)$ 的增区间为 $(0, +\infty)$;

$\frac{1}{2} < a < 1$ 时,$f(x)$ 的增区间为 $(0, 1)$,$\left(\frac{a}{1-a}, +\infty\right)$,减区间为 $\left(1, \frac{a}{1-a}\right)$;

$a \geqslant 1$ 时,$f(x)$ 的增区间为 $(0, 1)$,减区间为 $(1, +\infty)$.

说明:导数相当于二次能分解型,分类的分界点确定的依据是:开口方向与根的大小及根是否在定义域内.在分类讨论数学思想方法的学习中,学生常常在存在这样那样的问题.突出问题是分类讨论时存在盲目性,不清楚怎样分类以及这种分类的合理性之所在,更谈不上如何简化分类讨论.分类讨论问题的关键在于解决好分类的合理性,而分类的合理性在很大程度上又取决于分类的标准——"分界点"的确定,学生往往就是因为不能准确地确立"分界点",而盲目地使用分类讨论法,以致出现求解的失误.

导数相当于二次不能分解型

3.已知函数 $f(x)=a\left(x-\dfrac{1}{x}\right)-2\ln x$ ($a\in\mathbf{R}$),求函数 $f(x)$ 的单调区间.

分析:函数 $f(x)$ 的定义域为 $(0,+\infty)$.

$$f'(x)=a\left(1+\dfrac{1}{x^2}\right)-\dfrac{2}{x}=\dfrac{ax^2-2x+a}{x^2},令 h(x)=ax^2-2x+a.$$

导数相当于二次不能分解型,如何确定 $h(x)$ 图象?当然要考虑开口方向与判别式的正负.当判别式大于零时,还要考虑根的大小及根是否在定义域内.

开口:应从 0 断开.

判别式 $\Delta=4-4a^2$ 的正负应从 -1、1 断开,这样应分成 $a\leqslant-1$;$-1<a<0$;$a=0$;$0<a<1$;$a\geqslant 1$ 五类进行研究.

注意为什么 $a\leqslant-1$ 与 $a\geqslant 1$ 看作一类.

规范解答:函数 $f(x)$ 的定义域为 $(0,+\infty)$.

$$f'(x)=a\left(1+\dfrac{1}{x^2}\right)-\dfrac{2}{x}=\dfrac{ax^2-2x+a}{x^2},ax^2-2x+a=0 \text{ 的 } \Delta=4-4a^2.$$

① 当 $a\leqslant-1$ 时,$\Delta\leqslant 0$,$f'(x)\leqslant 0$ 在 $(0,+\infty)$ 上恒成立,

所以 $f(x)$ 的减区间为 $(0,+\infty)$.

② 当 $-1 < a < 0$ 时, $\Delta > 0$, $ax^2 - 2x + a = 0$ 的两根 $x_{1,2} = \dfrac{1 \pm \sqrt{1-a^2}}{a} < 0$

(也可用韦达定理来判断), $f'(x) \leqslant 0$ 在 $(0,+\infty)$ 上恒成立,

所以 $f(x)$ 的减区间为 $(0,+\infty)$.

③ 当 $a = 0$ 时, $f'(x) = -2x < 0$ 在 $(0,+\infty)$ 上恒成立, 所以 $f(x)$ 的减区间为 $(0,+\infty)$.

④ 当 $0 < a < 1$ 时, 由 $f'(x) > 0$ 得 $0 < x < \dfrac{1-\sqrt{1-a^2}}{a}$, 或 $x > \dfrac{1+\sqrt{1-a^2}}{a}$;

由 $f'(x) < 0$ 得 $\dfrac{1-\sqrt{1-a^2}}{a} < x < \dfrac{1+\sqrt{1-a^2}}{a}$.

所以函数 $f(x)$ 单调递增区间是

$$\left(0, \dfrac{1-\sqrt{1-a^2}}{a}\right] \text{和} \left[\dfrac{1+\sqrt{1-a^2}}{a}, +\infty\right),$$

单调递减区间 $\left[\dfrac{1-\sqrt{1-a^2}}{a}, \dfrac{1+\sqrt{1-a^2}}{a}\right]$.

⑤ 当 $a \geqslant 1$ 时, $f'(x) \geqslant 0$ 恒成立, 所以函数 $f(x)$ 单调递增区间是 $(0,+\infty)$.

综上: 当 $a \geqslant 1$ 时, $f(x)$ 单调递增区间是 $(0,+\infty)$;

当 $0 < a < 1$ 时, $f(x)$ 单调递增区间是

$$\left(0, \dfrac{1-\sqrt{1-a^2}}{a}\right] \text{和} \left[\dfrac{1+\sqrt{1-a^2}}{a}, +\infty\right),$$

单调递减区间 $\left[\dfrac{1-\sqrt{1-a^2}}{a}, \dfrac{1+\sqrt{1-a^2}}{a}\right]$.

当 $a \leqslant 0$ 时, $f(x)$ 在区间 $(0,+\infty)$ 单调递减.

说明:本题导数相当于二次不能分解型,分类的分界点确定的依据是:开口方向与判别式的正负,当 $\Delta > 0$ 时,还要注意根的大小及根是否在定义域内.韦达定理对判断根的正负情况有很大的简化作用.

还有别的分类讨论的办法吗?如果我们看到 $h(x) = ax^2 - 2x + a$ 的结构,可作变形 $h(x) = a(x^2 + 1) - 2x$,考虑到函数 $f(x)$ 的定义域为 $(0, +\infty)$,所以 $-2x < 0, x^2 + 1 > 0$.

当 $a \leqslant 0$ 时,$f'(x) \leqslant 0$ 恒成立,这样我们只需分 $a \leqslant 0; 0 < a < 1; a \geqslant 1$ 三类进行研究.这样我们简化了讨论!当然要求我们关注原函数,更要有较强的观察能力.

还有其他简化办法吗?能归纳出一般规律吗?如果导数形如或者可以化为 $f'(x) = a - g(x)$ 或 $f'(x) = g(x) - a$ 或 $f'(x) = h(x)[a - g(x)]$($h(x)$ 的符号恒定)或 $f'(x) = h(a) - g(x)$ 等,可求出 $g(x)$ 的值域,考虑实数 a(或 $h(a)$)是否在 $g(x)$ 的值域内,就可以找到分类讨论的分界点.

简化解法:函数 $f(x)$ 的定义域为 $(0, +\infty)$.

$$f'(x) = a\left(1 + \frac{1}{x^2}\right) - \frac{2}{x} = \frac{ax^2 - 2x + a}{x^2}, 令 h(x) = ax^2 - 2x + a,$$

$$h(x) = ax^2 - 2x + a = a(x^2 + 1) - 2x = (x^2 + 1)\left(a - \frac{2x}{x^2 + 1}\right).$$

当 $x > 0$ 时,$0 < \dfrac{2x}{x^2 + 1} = \dfrac{2}{x + \frac{1}{x}} \leqslant \dfrac{2}{2\sqrt{x \cdot \frac{1}{x}}} = 1.$

① 当 $a \leqslant 0$ 时,由 $h(x) < 0$ 在 $(0, +\infty)$ 上恒成立,得 $f'(x) < 0$ 在 $(0, +\infty)$ 上恒成立,

所以函数 $f(x)$ 在区间 $(0, +\infty)$ 单调递减.

② 当 $a \geqslant 1$ 时，$f'(x) \geqslant 0$ 恒成立所以函数 $f(x)$ 单调递增区间是 $(0,+\infty)$.

③ 当 $0<a<1$ 时，由 $f'(x)>0$ 得 $0<x<\dfrac{1-\sqrt{1-a^2}}{a}$，或 $x>\dfrac{1+\sqrt{1-a^2}}{a}$；

由 $f'(x)<0$ 得 $\dfrac{1-\sqrt{1-a^2}}{a}<x<\dfrac{1+\sqrt{1-a^2}}{a}$.

所以函数 $f(x)$ 单调递增区间是

$$\left(0,\dfrac{1-\sqrt{1-a^2}}{a}\right] 和 \left[\dfrac{1+\sqrt{1-a^2}}{a},+\infty\right),$$

单调递减区间 $\left[\dfrac{1-\sqrt{1-a^2}}{a},\dfrac{1+\sqrt{1-a^2}}{a}\right]$.

综上：当 $a \geqslant 1$ 时，$f(x)$ 单调递增区间是 $(0,+\infty)$；

当 $0<a<1$ 时，$f(x)$ 单调递增区间是

$$\left(0,\dfrac{1-\sqrt{1-a^2}}{a}\right] 和 \left[\dfrac{1+\sqrt{1-a^2}}{a},+\infty\right);$$

当 $a \leqslant 0$ 时，$f(x)$ 在区间 $(0,+\infty)$ 单调递减.

说明：知识与思想方法的教学要遵循螺旋式上升过程，先通性通法，后根据结构特征找到更简洁的特法，再深入思考特法是否可以推广，使之成为一种通法，这是很有意义的事.因为函数单调区间的讨论是许多函数问题的根本，此种策略在解答一些较难导数问题中有广泛的应用.

4. 求 $g(x) = x\ln x - a(x-1)$ $(a>0)$ 在区间 $[1, e]$ 上的最大值.

一般解法：$g(x) = x\ln x - a(x-1)$，

则 $g'(x) = \ln x + 1 - a$,解 $g'(x) = 0$,得 $x = e^{a-1}$,

所以,在区间 $(0, e^{a-1})$ 上,$g(x)$ 为递减函数,在区间 $(e^{a-1}, +\infty)$ 上,$g(x)$ 为递增函数.

(1) 当 $e^{a-1} \leqslant 1$,即 $0 < a \leqslant 1$ 时,在区间 $[1, e]$ 上,$g(x)$ 为递增函数,

所以 $g(x)$ 最大值为 $g(e) = e + a - ae$.

(2) 当 $e^{a-1} \geqslant e$,即 $a \geqslant 2$ 时,在区间 $[1, e]$ 上,$g(x)$ 为递减函数,所以 $g(x)$ 最大值为 $g(1) = 0$.

(3) 当 $1 < e^{a-1} < e$,即 $1 < a < 2$ 时,在区间 $(1, e^{a-1})$ 上,$g(x)$ 为递减函数,

在区间 (e^{a-1}, e) 上,$g(x)$ 为递增函数.$g(x)$ 的最大值为 $g(e)$ 和 $g(1)$ 中较大者,

$g(e) - g(1) = a + e - ae > 0$,解得 $a < \dfrac{e}{e-1}$,

所以,$1 < a < \dfrac{e}{e-1}$ 时,$g(x)$ 最大值为 $g(e) = e + a - ae$,

$\dfrac{e}{e-1} \leqslant a < 2$ 时,$g(x)$ 最大值为 $g(1) = 0$.

综上所述,当 $0 < a < \dfrac{e}{e-1}$ 时,$g(x)$ 最大值为 $g(e) = e + a - ae$,

当 $a \geqslant \dfrac{e}{e-1}$ 时,$g(x)$ 的最大值为 $g(1) = 0$.

根据导数的结构,可以采用第 3 题的简化策略,得到下面简化解法.

解:$g(x) = x\ln x - a(x-1)$,

则 $g'(x) = \ln x + 1 - a, x \in [1, e]$,则 $\ln x + 1 \in [1,2]$(直接找到分类讨论的分界点)

①$0 < a \leqslant 1$ 时,在区间 $[1,e]$ 上,$g'(x) > 0$,$g(x)$ 为递增函数,所以 $g(x)$ 最大值为 $g(e) = e + a - ae$.

②$a \geqslant 2$ 时,在区间 $[1,e]$ 上,$g'(x) < 0$,$g(x)$ 为递减函数,所以 $g(x)$ 最大值为 $g(1) = 0$.

③$1 < a < 2$ 时,在区间 $(1, e^{a-1})$ 上,$g'(x) < 0$,$g(x)$ 为递减函数,

在区间 (e^{a-1}, e) 上,$g'(x) < 0$,$g(x)$ 为递增函数.

$g(x)$ 的最大值为 $g(e)$ 和 $g(1)$ 中较大者,

$g(e) - g(1) = a + e - ae > 0$,解得 $a < \dfrac{e}{e-1}$,

综上所述,当 $0 < a < \dfrac{e}{e-1}$ 时,$g(x)$ 最大值为 $g(e) = e + a - ae$,

当 $a \geqslant \dfrac{e}{e-1}$ 时,$g(x)$ 的最大值为 $g(1) = 0$.

说明:在这里教师进行对比教学,感受通法与特法的不同,体会什么情境下可以用特法. 这样才能真正学会,进而提高解题意识与解题水平.

导数相当于指数型与对数型

5. 已知 $f(x) = e^x - ax - a$,求 $f(x)$ 的单调区间.

解:$f'(x) = e^x - a$.

① 当 $a \leqslant 0$ 时,$f'(x) > 0$ 恒成立,$f(x)$ 单调递增区间是 $(-\infty, +\infty)$.

② 当 $a > 0$ 时,令 $f'(x) > 0$ 得 $x > \ln a$,$f(x)$ 单调递增区间是 $(\ln a, +\infty)$.

令 $f'(x) < 0$ 得 $x < \ln a$,$f(x)$ 单调递减区间是 $(-\infty, \ln a)$.

6. 已知 $f(x) = x \ln x - ax$,求 $f(x)$ 的单调区间.

解：$f(x)$ 的定义域为 $(0,+\infty)$，$f'(x) = 1 + \ln x - a$.

令 $f'(x) > 0$ 得 $x > e^{a-1}$，$f(x)$ 单调递增区间是 $(e^{a-1}, +\infty)$.

令 $f'(x) < 0$ 得 $0 < x < e^{a-1}$，$f(x)$ 单调递减区间是 $(0, e^{a-1})$.

说明：导函数可以是我们学过的所有形式，教学要系统化，特别是导数为含参的对数形式时，甚至没有分类讨论，可以让学生讨论为什么，这会让学生对含参数函数求单调区间为什么一般要分类讨论有更深层次的认识.

导数相当于混合乘积型

7. (2013 全国 1 卷改) 求 $f(x) = 2ke^x(x+1) - x^2 - 4x - 2$ ($k > 0$) 的单调区间.

解：$f'(x) = 2(x+2)(ke^x - 1)$.

令 $f'(x) = 0$ 得 $x_1 = -2$ 或 $x_2 = -\ln k$.

① $0 < k < e^2$ 时，$x_2 > x_1$.

x	$(-\infty, -2)$	-2	$(-2, -\ln k)$	$-\ln k$	$(-\ln k, +\infty)$
$x+2$	$-$	0	$+$	$+$	$+$
$ke^x - 1$	$-$	$-$	$-$	0	$+$
$f'(x)$	$+$	0	$-$	0	$+$
$f(x)$	↗	极大值	↘	极小值	↗

$f(x)$ 单调递增区间是 $(-\infty, -2)$，$(-\ln k, +\infty)$.

$f(x)$ 单调递减区间是 $(-2, -\ln k)$.

(以下答案略)

说明：导数属于因式分解形式，因式中含有多种函数，我们可以称为混合型，类比导数为二次分解型，需要比较每一个因式的零点的大小，将每一个因式的符号列在表格中，这样就可以快速得出结果了，此法真可谓"返璞归真"！

（三）不等式证明

构造差函数

1. 证明不等式：$x \geqslant \ln(x+1)$.

证明：设 $f(x) = x - \ln(x+1)(x > -1)$，$f'(x) = 1 - \dfrac{1}{x+1} = \dfrac{x}{x+1}(x > -1)$

$x \in (-1, 0), f'(x) < 0; x \in (0, +\infty), f'(x) > 0.$

所以函数 $f(x)$ 减区间为 $(-1, 0)$，增区间为 $(0, +\infty)$.

所以 $f(x)_{\min} = f(-1) = 0(x > -1)$，故 $f(x) \geqslant 0.$

所以 $x \geqslant \ln(x+1)$ 成立.

说明：欲证不等式 $f(x) \geqslant g(x)(x \in I)$，$I$ 是区间，构造差函数，只需证明 $f(x) - g(x) \geqslant 0(x \in I)$. 设 $h(x) = f(x) - g(x)(x \in I)$，即证 $h(x) \geqslant 0(x \in I)$，也即证 $h(x)_{\min} \geqslant 0(x \in I)$（若 $h(x)_{\min}$ 不存在，则需求函数 $h(x)$ 的下确界，这是证明不等式的一般方法，学生必须要掌握.

2. 证明：当 $a > \ln 2 - 1$ 且 $x > 0$ 时，$e^x > x^2 - 2ax + 1$.

证明：设 $f(x) = e^x - x^2 + 2ax - 1 \quad (x > 0)$，只需证 $f(x) > 0$ 在 $(0, +\infty)$ 上恒成立.

$f'(x) = e^x - 2x + 2a \ (x > 0)$，设 $g(x) = f'(x) = e^x - 2x + 2a$，则 $g'(x) = e^x - 2$，$x \in (0, \ln 2)$ 时，$g'(x) < 0$，$f'(x)$ 在 $(0, \ln 2)$ 为减函数.

$x \in (\ln 2, +\infty)$ 时，$g'(x) > 0$，$f'(x)$ 在 $(\ln 2, +\infty)$ 为增函数.

故 $f'(x)_{\min} = f'(\ln 2) = e^{\ln 2} - 2\ln 2 + 2a = 2(1 - \ln 2 + a).$

因为 $a > \ln 2 - 1$，所以 $f'(x)_{\min} > 0$，所以 $f(x)$ 在 $(0, +\infty)$ 为增函数.

所以 $f(x) > f(0) = 0$,即当 $a > \ln 2 - 1$ 且 $x > 0$ 时,$e^x > x^2 - 2ax + 1$.

说明:本题 $f'(x) = e^x - 2x + 2a$ ($x > 0$)的正负无法确定,由于 $f(0) = 0$,我们希望 $f(x)$ 在 $(0, +\infty)$ 上为增函数,进而希望 $f'(x) > 0$.如何判断导数的正负,我们需要再次借助导数研究一阶导数的单调性与最值(或值域),故本题需要二次求导.我们永远要弄清为什么再次求导!但本题实质与例 1 一致.

变形构造函数

3.(2016·全国卷 Ⅲ 节选)设函数 $f(x) = \ln x - x + 1$.

(Ⅰ)讨论 $f(x)$ 的单调性;

(Ⅱ)证明当 $x \in (1, +\infty)$ 时,$1 < \dfrac{x-1}{\ln x} < x$.

解析:(Ⅰ)

由题设,$f(x)$ 的定义域为 $(0, +\infty)$,$f'(x) = \dfrac{1}{x} - 1$,令 $f'(x) = 0$,解得 $x = 1$.

当 $0 < x < 1$ 时,$f'(x) > 0$,$f(x)$ 单调递增;当 $x > 1$ 时,$f'(x) < 0$,$f(x)$ 单调递减.

(Ⅱ)方法一:

直接构造函数 $g(x) = \dfrac{x-1}{\ln x} - x$,导数不好研究,

构造函数 $g(x) = x - 1 - x\ln x$ 比较好研究.

方法二:

由(Ⅰ)知,$f(x)$ 在 $x = 1$ 处取得最大值,最大值为 $f(1) = 0$.

所以当 $x \neq 1$ 时,$\ln x < x - 1$.

故当 $x \in (1, +\infty)$ 时,$\ln x < x - 1$,$\ln \dfrac{1}{x} < \dfrac{1}{x} - 1$,即 $1 < \dfrac{x-1}{\ln x}$

$< x$.

说明：在教学中要像方法一那样，让学生经历探究过程，自己感受所构造的函数为什么不好研究？怎样改进？比如本题去分母后构造函数，为什么去分母？有了思考和经历，就积累了构造函数的经验．对学有余力的学生，可以渗透重要的切线不等式在证明不等式中的应用．

4.（2018 全国 Ⅱ 理 21 节选）已知函数 $f(x) = e^x - ax^2$．

若 $a = 1$，证明：当 $x \geqslant 0$ 时，$f(x) \geqslant 1$．

证明：本题即证当 $x \geqslant 0$ 时，$e^x \geqslant x^2 + 1$

即证当 $x \geqslant 0$ 时，$x \geqslant \ln(x^2 + 1)$，设 $g(x) = x - \ln(x^2 + 1)$ （$x \geqslant 0$），

$g'(x) = 1 - \dfrac{2x}{x^2 + 1} = \dfrac{(x-1)^2}{x^2 + 1} \geqslant 0$，所以 $g(x)$ 在区间 $[0, +\infty)$ 上单调递增，

所以 $g(x) \geqslant g(0) = 0$，所以当 $x \geqslant 0$ 时，$f(x) \geqslant 1$．

说明：不等式中含有指数形式，有时取对数后再构造函数会带来方便，本题就避开了二次求导，是一个不错的策略．

换元构造

5．证明对任意的正整数 $f'(x) = \dfrac{-ax^2 + 12x + ab}{(x^2 + b)^2}$，不等式

$\begin{cases} \dfrac{-a-6}{1+b} = -2 \\ \dfrac{-a-12+ab}{(1+b)^2} = -\dfrac{1}{2} \end{cases}$ 都成立．

解析：$\ln\left(\dfrac{1}{n} + 1\right) > \dfrac{1}{n^2} - \dfrac{1}{n^3}$ （$n \in N^*$），这是一个不含有参数的不等式，它变形后是否可以看作某一个函数的函数值，是哪一个函数？

令 $\dfrac{1}{n} = x \in (0, 1]$，设 $g(x) = \ln(x+1) - x^2 + x^3$，本题即证

$g\left(\dfrac{1}{n}\right) > 0$.

我们可以看一看 $g(x)$ 在 $(0,1]$ 函数值正负情况.

$$g'(x) = \dfrac{1}{x+1} - 2x + 3x = \dfrac{3x^3 + x^2 - 2x + 1}{1+x} = \dfrac{3x^3 + (x-1)^2}{1+x}$$

> 0,

$g(x)$ 在 $(0,1]$ 为增函数,所以 $g(x) > g(0) = 0$ 在 $(0,1]$ 上恒成立.

又 $f(x)$,所以 $g\left(\dfrac{1}{n}\right) > 0$,即 $\ln\left(\dfrac{1}{n} + 1\right) > \dfrac{1}{n^2} - \dfrac{1}{n^3}$ $(n \in N^*)$ 成立.

说明:根据不等式中的变量特征,往往通过适当换元(一般采用整体换元)来构造函数,通过研究函数的最值解决问题.

两个变量转成一个变量

6.设 $m, n \in R^+$,且 $m \neq n$,求证:$\dfrac{m-n}{\ln m - \ln n} < \dfrac{m+n}{2}$.

解析:$\dfrac{m-n}{\ln m - \ln n} < \dfrac{m+n}{2}$ $(m, n \in R^+, m \neq n)$

此不等式中含有两个参数,是否可以转化为一个参数,

原不等式转化为 $\dfrac{m-n}{\ln \dfrac{m}{n}} < \dfrac{m+n}{2} \Leftrightarrow \dfrac{\dfrac{m}{n} - 1}{\ln \dfrac{m}{n}} < \dfrac{\dfrac{m}{n} + 1}{2}$,如何构造函数呢?

将 $\dfrac{m}{n}$ 看作 x,从而构造函数 $g(x) = \dfrac{x-1}{\ln x} - \dfrac{x+1}{2}$ $(x > 0)$,导数比较复杂,不方便研究.

不妨设 $m > n > 0$，原不等式等价于 $\ln\dfrac{m}{n} > 2 \cdot \dfrac{\dfrac{m}{n}-1}{\dfrac{m}{n}+1}$，

这样就可以构造 $g(x) = \ln x - 2\dfrac{x-1}{x+1}(x>1)$，即证 $g\left(\dfrac{m}{n}\right) > 0$ 即可．

只需要看 $g(x)$ 在 $(1,+\infty)$ 上的正负即可．

而 $g'(x) = \dfrac{1}{x} - \dfrac{4}{(x+1)^2} = \dfrac{(x+1)^2 - 4x}{x(x+1)^2} = \dfrac{(x-1)^2}{x(x+1)^2} > 0$，

所以 $g(x)$ 在 $(1,+\infty)$ 为增函数，所以 $g(x) > g(1) = 0$ 恒成立，即原不等式成立．

说明：不等式含有两个参数，看是否可以转化为一个参数，进而转化为一个函数值的正负问题．在构造函数时，永远要考虑所构造的函数是否好研究，求导是否简洁．

单调性法

7．已知 m,n 是正整数，且 $1 < m < n$，证明 $(1+m)^n > (1+n)^m$．

解析：$n > m > 1$，$(1+m)^n > (1+n)^m$

含有两个参数，是否可以转化为一个参数呢？

原不等式等价于 $n\ln(1+m) > m\ln(1+n) \Leftrightarrow \dfrac{\ln(1+m)}{m} > \dfrac{\ln(1+n)}{n}$．

构造什么函数呢？设 $f(x) = \dfrac{\ln(1+x)}{x}(x \geqslant 2)$，这是一个什么问题？

$$f'(x) = \dfrac{\dfrac{x}{1+x} - \ln(1+x)}{x^2}$$

当 $x \geqslant 2$ 时，$\dfrac{x}{1+x} < 1$，$\ln(1+x) \geqslant \ln 3 > 1$，

所以 $f'(x) < 0$ 恒成立，所以 $f(x)$ 在 $[2, +\infty)$ 为减函数，

从而 $n > m \geqslant 2$ 时，总有 $f(m) > f(n)$，即 $\dfrac{\ln(1+m)}{m} > \dfrac{\ln(1+n)}{n}$，

即原不等式成立.

说明：不等式含有两个参数，通过转化可以化成两端结构一样的不等式，特别是两个参数没有关联时，实质就是一个函数单调性问题. 我们还可以举出两个有关联的参数，也可以转化成两端结构一样的不等式. 这样也会对单调性概念的理解起到深化作用.

8. 已知 $f(x) = \ln x - x$，若 $f(x_1) = f(x_2)(x_1 \neq x_2)$，

（Ⅰ）证明：$x_1 + x_2 > 2$；

（Ⅱ）证明：$x_1 x_2 < 1$.

（Ⅰ）解法一：

证明：$f'(x) = \dfrac{1}{x} - 1 = \dfrac{1-x}{x}$，$f(x)$ 在 $(0,1)$ 上增，在 $(1, +\infty)$ 上减，

不妨设 $0 < x_1 < 1 < x_2$，欲证不等式 $x_1 + x_2 > 2$，只需 $x_2 > 2 - x_1$，即证 $f(x_2) < f(2-x_1)$，则 $f(x_1) < f(2-x_1)$，即证 $f(x) - f(2-x) < 0$ 在 $(0,1)$ 上恒成立，

构造函数 $g(x) = f(x) - f(2-x)$，

$g'(x) = f'(x) + f'(2-x) = \left(\dfrac{1}{x} - 1\right) + \left(\dfrac{1}{2-x} - 1\right) = \dfrac{2}{x(2-x)} - 2$，

当 $0 < x < 1$ 时，$0 < x(2-x) < 1$，$g'(x) > 0$，$g(x)$ 在 $(0,1)$ 上单增，所以 $g(x) < g(1) = 0$，故原不等式成立.

（Ⅰ）解法二：

证明:$f'(x)=\dfrac{1}{x}-1=\dfrac{1-x}{x}$,$f(x)$在$(0,1)$上增,在$(1,+\infty)$上减,不妨设$0<x_1<1<x_2$,由$f(x_1)=f(x_2)$,得$\ln x_1-x_1=\ln x_2-x_2$,$\ln x_2-\ln x_1=x_2-x_1$,$\ln\dfrac{x_2}{x_1}=x_1\left(\dfrac{x_2}{x_1}-1\right)$,

令$\dfrac{x_2}{x_1}=t(t>1)$,则$x_1=\dfrac{\ln t}{t-1}$,$x_2=\dfrac{t\ln t}{t-1}$,于是不等式$x_1+x_2>2$化为$\dfrac{\ln t}{t-1}+\dfrac{t\ln t}{t-1}>2$,即证$\dfrac{(t+1)\ln t}{t-1}>2$,即证$\ln t-\dfrac{2(t-1)}{t+1}>0$,

令$g(t)=\ln t-\dfrac{2(t-1)}{t+1}$ $(t>1)$,$g'(t)=\dfrac{(t-1)^2}{t(t+1)^2}>0$,所以$g(x)>g(1)=0$,故原不等式成立.

(Ⅱ)解法一:

证明:由(Ⅰ)知$f(x)$在$(0,1)$上增,在$(1,+\infty)$上减,不妨设$0<x_1<1<x_2$,欲证不等式$x_1x_2<1$,即证$f(x_1)=f(x_2)<f\left(\dfrac{1}{x_2}\right)$,即证$f(x_2)-f\left(\dfrac{1}{x_2}\right)<0$在$(1,+\infty)$上恒成立,构造函数$h(x)=f(x)-f\left(\dfrac{1}{x}\right)=2\ln x-x+\dfrac{1}{x}$,$h'(x)=\dfrac{-(x-1)^2}{x^2}<0$,$h(x)$在$(1,+\infty)$上单减,$h(x)<h(1)=0$,故原不等式成立.

(Ⅱ)解法二:

证明:欲证$x_1x_2<1$,只需证$\dfrac{\ln t}{t-1}\cdot\dfrac{t\ln t}{t-1}<1$,$(t>1)$,即证$\ln^2 t<t-\dfrac{1}{t}$,即证$\ln^2 t-t+\dfrac{1}{t}<0$在$(1,+\infty)$上恒成立.

设$h(x)=\ln^2 x-x+\dfrac{1}{x}(x>1)$,$h'(t)=\dfrac{2\ln x}{x}-1-\dfrac{1}{x^2}=\dfrac{2x\ln x-x^2-1}{x^2}$,

记 $\varphi(x) = 2x\ln x - x^2 - 1 (x > 1)$，$\varphi'(x) = 2(\ln x - x + 1)$，

设 $p(x) = \ln x - x + 1 \ (x > 1)$，$p'(x) = \dfrac{1}{x} - 1 = \dfrac{1-x}{x} < 0$，

$p(x)$ 在 $(1, +\infty)$ 上单减，$p(x) < p(1) = 0$，则 $\varphi'(x) < 0$；

$\varphi(x)$ 在 $(1, +\infty)$ 上单减，$\varphi(x) < \varphi(1) = 0$，故原不等式成立.

说明：若两个变元 x_1, x_2 之间联系"亲密"，我们可以通过计算、化简，将所证明的不等式整体转化为关于 $m(x_1, x_2)$ 的表达式，其中 $m(x_1, x_2)$ 为 x_1, x_2 组合成的表达式，进而使用换元令 $m(x_1, x_2) = t$，使所要证明的不等式转化为关于 t 的表达式，进而用导数法进行证明，因此，换元的本质是消元（或减元）.

放缩法

9.（2013年高考新课标全国卷Ⅱ理21改编）求证：$e^x > \ln(x+2)$.

解析：设 $f(x) = e^x (x > -2)$，$g(x) = \ln(x+2)(x > -2)$，我们想办法寻找出一个函数 $h(x)$，使得 $f(x) \geqslant h(x) \geqslant g(x)(x > -2)$ 且两个等号不是同时取到.

当然，函数 $h(x)$ 越简洁越好.

但 $h(x)$ 不可能是常数，因为函数 $g(x) = \ln(x+2)(x > -2)$ 的值域是 R，所以我们可试想 $h(x)$ 能否为一次函数，当然应当考虑切线.

可求得函数 $f(x) = e^x (x > -2)$ 在点 $A(0, 1)$ 处的切线是 $y = x + 1$，可证明 $f(x) \geqslant h(x)(x > -2)$；还可求得函数 $g(x) = \ln(x+2)(x > -2)$ 在点 $B(-1, 0)$ 处的切线也是 $y = x + 1$，也可证明 $h(x) \geqslant g(x)(x > -2)$.

进而证得 $f(x) \geqslant h(x) \geqslant g(x)(x > -2)$ 且两个等号不是同时取到，所以欲证结论成立.

当然，可以构造差函数，下面给出该题的证明：

解：设 $f(x) = e^x - \ln(x+2)$，得 $f'(x) = e^x - \dfrac{1}{x+2}(x > -2)$.

可得 $f'(x)$ 是增函数（两个增函数之和是增函数，最好用导数说明），

且 $f'\left(\dfrac{1}{2}\right) = \sqrt{e} - 2 < 0, f'(1) = e - 1 > 0$，所以函数 $g'(x)$ 存在唯一的零点 x_0 且 $(x_0 + 2)e^{x_0} = 1, x_0 + 2 = e^{-x_0}, e^{x_0} = \dfrac{1}{x_0+2}$，再由均值不等式（或通分）可得

$$f(x)_{\min} = f(x_0) = e^{x_0} - \ln(x_0 + 2) = \dfrac{1}{x_0 + 2} - \ln e^{-x_0} =$$

$$\left(\dfrac{1}{x_0 + 2} + x_0 + 2\right) - 2 > 0,$$

（因为可证 $x_0 \neq -1$）所以欲证结论成立．

说明：欲证函数不等式 $f(x) > g(x)(x \in I, I$ 是区间$)$，只需寻找一个函数 $h(x)$，可以考虑曲线 $y = h(x)$ 是函数 $y = f(x), y = g(x)$ 的公切线，使得 $f(x) \geqslant h(x) \geqslant g(x)(x > -2)$ 且两个等号不是同时取到，而这用导数往往容易解决．第二种方法也是隐零点问题的一般处理方法．

参数放缩

10．（2018一卷文）已知函数 $f(x) = ae^x - \ln x - 1$．

（1）设 $x = 2$ 是 $f(x)$ 的极值点，求 a，并求 $f(x)$ 的单调区间；

（2）证明：当 $a \geqslant \dfrac{1}{e}$ 时，$f(x) \geqslant 0$．

解：（1）$f(x)$ 的定义域为 $(0, +\infty), f'(x) = ae^x - \dfrac{1}{x}$．

由题设知，$f'(2) = 0$，所以 $a = \dfrac{1}{2e^2}$．

从而 $f(x) = \dfrac{1}{2e^2}e^x - \ln x - 1, f'(x) = \dfrac{1}{2e^2}e^x - \dfrac{1}{x}$.

当 $0 < x < 2$ 时,$f'(x) < 0$;当 $x > 2$ 时,$f'(x) > 0$.

所以 $f(x)$ 在 $(0,2)$ 单调递减,在 $(2,+\infty)$ 单调递增.

(2) 当 $a \geqslant \dfrac{1}{e}$ 时,$f(x) \geqslant \dfrac{e^x}{e} - \ln x - 1$. 设 $g(x) = \dfrac{e^x}{e} - \ln x - 1$,

则 $g'(x) = \dfrac{e^x}{e} - \dfrac{1}{x}$.

当 $0 < x < 1$ 时,$g'(x) < 0$;当 $x > 1$ 时,$g'(x) > 0$. 所以 $x = 1$ 是 $g(x)$ 的最小值点.

故当 $x > 0$ 时,$g(x) \geqslant g(1) = 0$. 因此,当 $a \geqslant \dfrac{1}{e}$ 时,$f(x) \geqslant 0$.

说明:此种题目现在高考出现的比较多,那什么时候可以对参数进行放缩?一般当函数只含有一个参数,且给出了参数的范围,这时这一组动态函数中就会有最小函数(最大函数),所研究问题可转化为研究最小函数(最大函数).

隐零点估值

11. (2015 全国 Ⅰ 文 21) 设函数 $f(x) = e^{2x} - a\ln x$.

(Ⅰ) 讨论 $f(x)$ 的导函数 $f'(x)$ 零点的个数;

(Ⅱ) 证明:当 $a > 0$ 时,$f(x) \geqslant 2a + a\ln \dfrac{2}{a}$.

解:(Ⅰ) $f(x)$ 的定义域为 $(0,+\infty)$,$f'(x) = 2e^{2x} - \dfrac{a}{x}$ $(x > 0)$.

当 $a \leqslant 0$ 时,$f'(x) > 0$,$f'(x)$ 没有零点;

当 $a > 0$ 时,$f''(x) = 4e^{2x} + \dfrac{a}{x^2} > 0$,所以 $f'(x)$ 在 $(0,+\infty)$ 为增函数,

又 $f'(a) > 0$,$x \to 0^+$,$f'(x) \to -\infty$,$f'(x)$ 存在唯一零点.

(Ⅱ)由(Ⅰ)可设 $f'(x)$ 在 $(0,+\infty)$ 的唯一零点为 x_0,
当 $x \in (0, x_0)$ 时,$f'(x) < 0$;当 $x \in (x_0, +\infty)$ 时,$f'(x) > 0$.
故 $f(x)$ 在 $(0, x_0)$ 单调递减,在 $(x_0, +\infty)$ 单调递增.
所以 $x = x_0$ 时,$f(x)$ 取得最小值,最小值为 $f(x_0)$.

由于 $2e^{2x_0} - \dfrac{a}{x_0} = 0$,即 $e^{2x_0} = \dfrac{a}{2x_0}$,$-\ln x_0 = 2x_0 + \ln \dfrac{2}{a}$

所以 $f(x_0) = e^{2x_0} - a\ln x_0 = \dfrac{a}{2x_0} + 2ax_0 + a\ln \dfrac{2}{a} \geqslant 2a + a\ln \dfrac{2}{a}$

故当 $a > 0$ 时,$f(x) \geqslant 2a + a\ln \dfrac{2}{a}$.

说明:本题实质是研究函数的最小值,但导数的零点解不出来,函数又在隐零点处取得最值,如何估算最值?用 $f'(x) = 0$ 合理转化为幂函数是解题关键.

(四)解不等式

1.(2015 全国 Ⅱ 文 21)已知 $f(x) = \ln x + a(1-x)$.

(Ⅰ)讨论 $f(x)$ 的单调性;

(Ⅱ)当 $f(x)$ 有最大值,且最大值大于 $2a - 2$ 时,求 a 的取值范围.

解:(Ⅰ)$f(x)$ 的定义域为 $(0, +\infty)$,$f'(x) = \dfrac{1}{x} - a$

若 $a \leqslant 0$,则 $f'(x) > 0$,所以 $f(x)$ 在 $(0, +\infty)$ 上单调递增;

若 $a > 0$,则当 $x \in \left(0, \dfrac{1}{a}\right)$ 时,$f'(x) > 0$,当 $x \in \left(\dfrac{1}{a}, +\infty\right)$ 时,$f'(x) < 0$,

所以 $f(x)$ 在 $\left(0, \dfrac{1}{a}\right)$ 单调递增,在 $\left(\dfrac{1}{a}, +\infty\right)$ 单调递减.

(Ⅱ)由(Ⅰ)知,当 $a \leqslant 0$ 时,$f(x)$ 在 $(0, +\infty)$ 上无最大值;

当 $a > 0$ 时,$f(x)$ 在 $x = \dfrac{1}{a}$ 处取得最大值,最大值为 $f\left(\dfrac{1}{a}\right) = -$

$\ln a + a - 1$.

故 $f\left(\dfrac{1}{a}\right) > 2a - 2$,即 $\ln a + a - 1 < 0$(这是什么问题?)

设 $g(a) = \ln a + a - 1$,则 $g(a)$ 在 $(0, +\infty)$ 上单调递增,又 $g(1) = 0$,

故当 $0 < a < 1$ 时,$g(a) < 0$;当 $a > 1$ 时,$g(a) > 0$.

故 a 的取值范围为 $(0, 1)$.

说明:用导数解不等式,首先要构造函数,研究函数的单调性,寻找零点.零点有的可以观察出,有的则需估算.解不等式可以用函数来解决,这也体现了函数是高中数学的主干知识.

2.(2012 课标文 21 改编)

当 $x > 0$ 时,$(x - k)(e^x - 1) + x + 1 > 0$ 恒成立,k 为整数,求 k 的最大值.

解:设 $g(x) = (x - k)(e^x - 1) + x + 1 \quad (x > 0)$,$g'(x) = e^x(x - k + 1)$.

(1) $k \leqslant 1$ 时,$g'(x) > 0$ 恒成立,故 $g(x)$ 在 $(0, +\infty)$ 上单调递增,故 $g(x) > g(0) = 1$,符合题意.

(2) $k > 1$ 时,$x \in (0, k - 1)$,$g'(x) < 0$,$g(x)$ 在 $(0, k - 1)$ 单调递减,

$x \in (k - 1, +\infty)$,$g'(x) > 0$,$g(x)$ 在 $(k - 1, +\infty)$ 单调递增.

$g(x)_{\min} = g(k - 1) = k + 1 - e^{k - 1}$,依题意需 $k + 1 - e^{k-1} > 0$.

设 $h(k) = k + 1 - e^{k-1} \quad (k > 1)$,则 $h'(k) = 1 - e^{k-1} < 0$.即 $h(k)$ 在 $(1, +\infty)$ 上单调递减,

又 $h(2) = 3 - e > 0$,$h(3) = 4 - e^2 < 0$.

故 $h(k)$ 在 $(1, +\infty)$ 上存在唯一零点 $k_0 \in (2, 3)$,即 $h(k_0) = 0$.

即 $k \in (1, k_0)$ 时,$h(k) > 0$;$k \in (k_0, +\infty)$ 时,$h(k) < 0$,故 $k \in (1, k_0)$.

综上,$k \in (-\infty, k_0)$,整数 k 的最大值为 2.

说明:本题可以参变分离,但会遇到隐零点问题,是不含参数函数的隐零点问题的一个好的训练素材.上述解法的核心是解不等式,但零点观察不出来,需要用零点存在定理来估算,一般精度要求不高,我们用连续的整数去试验即可.

(五) 求参数范围

求参数的范围的问题策略:先一般后特殊.

(1) 最值法:$a > f(x)$ 恒成立,则当 $f(x)$ 存在最大值时,$a > f(x)_{\max}$,

当 $f(x)$ 不存在最大值时,$a \geqslant f(x)$ 的上确界.

(2) 直接研究含参数函数的最值或转化为一次、二次函数的根分布问题(在某区间恒正、恒负).

1. 设函数 $f(x) = \ln x + x^2 + ax$. 若 $f(x)$ 在其定义域内为增函数,求 a 的取值范围.

解:$f'(x) = \dfrac{1}{x} + 2x + a = \dfrac{2x^2 + ax + 1}{x}$,要使 $f(x)$ 在定义域 $(0, +\infty)$ 内为增函数,

只需 $f'(x) \geqslant 0$,即 $2x^2 + ax + 1 \geqslant 0$.

解法一:$f(x)$ 的定义域为 $(0, +\infty)$. 方程 $2x^2 + ax + 1 = 0$ 的判别式 $\Delta = a^2 - 8$.

(1) 当 $\Delta \leqslant 0$,即 $-2\sqrt{2} \leqslant a \leqslant 2\sqrt{2}$ 时,$2x^2 + ax + 1 \geqslant 0$,$f'(x) \geqslant 0$ 在 $(0, +\infty)$ 内恒成立,此时 $f(x)$ 为增函数.

(2) 当 $\Delta > 0$,即 $a < -2\sqrt{2}$ 或 $a > 2\sqrt{2}$ 时,要使 $f(x)$ 在定义域

$(0,+\infty)$内为增函数,

只需在$(0,+\infty)$内有$2x^2+ax+1 \geqslant 0$即可,

设$h(x)=2x^2+ax+1$,由$\begin{cases} h(0)=1>0, \\ -\dfrac{a}{2\times 2}<0 \end{cases}$得$a>0$,所以$a>2\sqrt{2}$.

由(1)(2)可知,若$f(x)$在其定义域内为增函数,

a的取值范围是$[-2\sqrt{2},+\infty)$.

解法二:(最值思想)参变分离.

$f'(x)=\dfrac{1}{x}+2x+a \geqslant 0$在$x\in(0,+\infty)$恒成立.

解法三:分类讨论求$h(x)=2x^2+ax+1$的最小值.

解法四:可直接考虑$f(x)$的单调性,$f'(x)=\dfrac{1}{x}+2x+a=\dfrac{2x^2+ax+1}{x}$,

考虑$\Delta=a^2-8$.

说明:我们可以用这种简单又不失数学本质的问题,来进行复习与方法梳理.学生掌握方法之后,再逐渐体会不同情境下不同方法的计算与推理的繁简,最后达到合理运用方法优化解题的过程.

2.已知函数$f(x)=\dfrac{1}{x}+a\ln x(a\neq 0, a\in R)$,若在区间$[1,e]$上至少存在一点$x_0$,使得$f(x_0)<0$成立,求实数$a$的取值范围.

解法一:

因为$f'(x)=-\dfrac{1}{x^2}+\dfrac{a}{x}=\dfrac{ax-1}{x^2}$,且$a\neq 0$,

若在区间$[1,e]$上存在一点x_0,使得$f(x_0)<0$成立,

其充要条件是 $f(x)$ 在区间 $[1,e]$ 上的最小值小于 0 即可.

(1) 当 $a \leqslant \dfrac{1}{e}$,且 $a \neq 0$ 时,$f'(x) < 0$ 对 $x \in (0,+\infty)$ 成立,

所以 $f(x)$ 在区间 $[1,e]$ 上单调递减,

故 $f(x)$ 在区间 $[1,e]$ 上的最小值为 $f(e) = \dfrac{1}{e} + a\ln e = \dfrac{1}{e} + a$,

由 $\dfrac{1}{e} + a < 0$,得 $a < -\dfrac{1}{e}$,即 $a \in \left(-\infty, -\dfrac{1}{e}\right)$.

(2) 当 $\dfrac{1}{e} < a < 1$ 时,则有

x	$\left(1, \dfrac{1}{a}\right)$	$\dfrac{1}{a}$	$\left(\dfrac{1}{a}, e\right)$
$f'(x)$	$-$	0	$+$
$f(x)$	↘	极小值	↗

所以 $f(x)$ 在区间 $[1,e]$ 上的最小值为 $f\left(\dfrac{1}{a}\right) = a + a\ln\dfrac{1}{a}$,

由 $f\left(\dfrac{1}{a}\right) = a + a\ln\dfrac{1}{a} = a(1-\ln a) < 0$,

得 $1-\ln a < 0$,解得 $a > e$,这与 $\dfrac{1}{e} < a < 1$ 矛盾.

(3) 当 $a \geqslant 1$,则 $f'(x) \geqslant 0$ 对 $[1,e]$ 成立,

所以 $f(x)$ 在区间 $[1,e]$ 上单调递增,

所以,$f(x)$ 在区间 $[1,e]$ 上的最小值为 $f(1) = 1 > 0$,

显然,$f(x)$ 在区间 $[1,e]$ 上的最小值小于 0 不成立.

综上可知: $a \in \left(-\infty, -\dfrac{1}{e}\right)$ 符合题意.

解法二:若在区间 $[1,e]$ 上存在一点 x_0,使得 $f(x_0) < 0$ 成立,即

$\dfrac{1}{x_0} + a\ln x_0 < 0$,

因为 $x_0 > 0$,所以,只需 $1 + ax_0 \ln x_0 < 0$.

令 $g(x) = 1 + ax\ln x$,只要 $g(x) = 1 + ax\ln x$ 在区间 $[1,e]$ 上的最小值小于 0 即可.

因为 $g'(x) = a\ln x + a = a(\ln x + 1)$,

(1) 当 $a < 0$ 时,因为 $x \in [1,e]$ 时,$g'(x) = a(\ln x + 1) < 0$,

所以 $g(x)$ 在 $[1,e]$ 为减函数,故 $g(x)_{\min} = g(e) = 1 + ae\ln e = 1 + ae$.

只要 $1 + ae < 0$,得 $a < -\dfrac{1}{e}$,即 $a \in \left(-\infty, -\dfrac{1}{e}\right)$.

(2) 当 $a > 0$ 时,因为 $x \in [1,e]$ 时,$g'(x) = a(\ln x + 1) > 0$,

所以 $g(x)$ 在 $[1,e]$ 为增函数,故 $g(x)_{\min} = g(1) = 1 > 0$,不符题意.

综上,由(1)(2)可知,有 $a \in \left(-\infty, -\dfrac{1}{e}\right)$.

解法三:因为 $x = 1$ 时,$f(x) = 1 > 0$.

所以若在区间 $[1,e]$ 上存在一点 x_0,使得 $f(x_0) < 0$ 成立,

等价于 $x \in (1,e]$ 时,$f(x) < 0$ 有解,即 $x \in (1,e]$ 时,$a < -\dfrac{1}{x\ln x}$ 有解.

设 $g(x) = -\dfrac{1}{x\ln x}, x \in (1,e]$,只需 $x \in (1,e]$ 时,$a < g(x)_{\max}$

而 $x \in (1,e]$ 时,$g'(x) = \dfrac{1 + \ln x}{(x\ln x)^2} > 0$,

所以 $g(x)$ 在 $(1,e]$ 为增函数,$g(x)_{\max} = g(e) = -\dfrac{1}{e}$.

所以 $a < -\dfrac{1}{e}$,实数 a 的取值范围为 $\left(-\infty, -\dfrac{1}{e}\right)$.

解法四:可以考虑命题的对立面,转化为恒成立问题.(解略)

说明:本题是存在性问题,即为有解(能成立)问题,最后还是归结为求最值问题,与恒成立问题解法实质相同.可以帮助学生总结常见的存在性问题,逐渐培养学生的转化能力.

① 函数 $f(x)$ 在区间上存在一点 x_0,使得 $f(x_0)<0$ 成立,等价于函数 $f(x)$ 在区间上的最小值小于零,或函数 $f(x)$ 不存在最小值时,比如 $f(x)\in(a,b)$ 则要求 $a<0$.

② 函数 $f(x)$ 在 (a,b) 上存在单调递增区间,等价于函数 $f'(x)>0$ 在区间 (a,b) 上有解.

3.(2017 课标 1 文 21)已知函数 $f(x)=e^x(e^x-a)-a^2x$.

(Ⅰ)讨论 $f(x)$ 的单调性;

(Ⅱ)若 $f(x)\geqslant 0$,求 a 的取值范围.

解:(Ⅰ)函数 $f(x)$ 的定义域为 $(-\infty,+\infty)$,$f'(x)=2e^{2x}-ae^x-a^2=(2e^x+a)(e^x-a)$,

① 若 $a=0$,则 $f(x)=e^{2x}$,在 $(-\infty,+\infty)$ 单调递增.

② 若 $a>0$,则由 $f'(x)=0$ 得 $x=\ln a$.

当 $x\in(-\infty,\ln a)$ 时,$f'(x)<0$;当 $x\in(\ln a,+\infty)$ 时,$f'(x)>0$,所以 $f(x)$ 在 $(-\infty,\ln a)$ 单调递减,在 $(\ln a,+\infty)$ 单调递增.

③ 若 $a<0$,则由 $f'(x)=0$ 得 $x=\ln\left(-\dfrac{a}{2}\right)$.

当 $x\in\left(-\infty,\ln\left(-\dfrac{a}{2}\right)\right)$ 时,$f'(x)<0$;当 $x\in\left(\ln\left(-\dfrac{a}{2}\right),+\infty\right)$ 时,$f'(x)>0$,故 $f(x)$ 在 $\left(-\infty,\ln\left(-\dfrac{a}{2}\right)\right)$ 单调递减,在 $\left(\ln\left(-\dfrac{a}{2}\right),+\infty\right)$ 单调递增.

(Ⅱ)① 若 $a=0$,则 $f(x)=e^{2x}$,所以 $f(x)\geqslant 0$.

② 若 $a>0$,则由(Ⅰ)得,当 $x=\ln a$ 时,$f(x)$ 取得最小值,最小值

为 $f(\ln a) = -a^2 \ln a$. 当且仅当 $-a^2 \ln a \geqslant 0$, 即 $a \leqslant 1$ 时, $f(x) \geqslant 0$.

③ 若 $a < 0$, 则由（Ⅰ）得, 当 $x = \ln\left(-\dfrac{a}{2}\right)$ 时, $f(x)$ 取得最小值, 最小值为

$$f\left(\ln\left(-\dfrac{a}{2}\right)\right) = a^2\left[\dfrac{3}{4} - \ln\left(-\dfrac{a}{2}\right)\right].$$ 当且仅当 $a^2\left[\dfrac{3}{4} - \ln\left(-\dfrac{a}{2}\right)\right] \geqslant 0$, 即 $a \geqslant -2e^{\frac{3}{4}}$ 时, $f(x) \geqslant 0$.

综上, a 的取值范围为 $[-2e^{\frac{3}{4}}, 1]$.

说明：分类讨论求函数最值是解决恒成立与有解问题的最基本解法, 但仅局限在求最值是不够的, 比如下面的问题, 在考试中也是屡见不鲜的, 如何找到分类讨论的突破口？

4. 已知函数 $f(x) = x - \ln(x + a)$ 的最小值为 0, 其中 $a > 0$.

（Ⅰ）求 a 的值；

（Ⅱ）若对任意的 $x \in [0, +\infty)$ 有 $f(x) \leqslant kx^2$ 成立, 求实数 k 的最小值.

解答：（Ⅰ）$a = 1$

（Ⅱ）分析：设 $g(x) = f(x) - kx^2 = x - \ln(x+1) - kx^2$ $(x \geqslant 0)$.

边界值 $g(0) = 0$, 我们希望 $g(x)$ 为减函数, 找 k 的范围使 $g'(x) < 0$ 恰好成立, 也许就是答案. $g'(x) = \dfrac{x}{x+1} - 2kx = x\left(\dfrac{1}{x+1} - 2k\right)$, 而 $x \geqslant 0$, 所以 $\dfrac{1}{x+1} \in (0, 1]$.

(1) 当 $2k \geqslant 1$ 即 $k \geqslant \dfrac{1}{2}$, $g'(x) \leqslant 0$ 恒成立, 所以 $g(x)$ 在 $[0, +\infty)$ 上为减函数.

所以 $g(x) \leqslant g(0) = 0$, 即 $f(x) \leqslant kx^2$ 成立.

(2) 当 $2k \leqslant 0$ 即 $k \leqslant 0$, $g'(x) \geqslant 0$ 恒成立,所以 $g(x)$ 在 $[0, +\infty)$ 上为增函数,

所以 $g(x) \geqslant g(0) = 0$,不符合题意.

(3) 当 $0 < 2k < 1$, 即 $0 < k < \dfrac{1}{2}$, $x \in (0, \dfrac{1}{2k} - 1)$, $g'(x) \geqslant 0$,

所以 $g(x)$ 在 $(0, \dfrac{1}{2k} - 1)$ 上为增函数,故 $g(x) \geqslant g(0) = 0$,不符合题意.

综上 $k \geqslant \dfrac{1}{2}$,实数 k 的最小值为 $\dfrac{1}{2}$.

说明:边界值 $g(0) = 0$,我们希望 $g(x)$ 为减函数,找 k 的范围使 $g'(x) < 0$ 恰好成立,这其实是使命题成立的充分条件,再证明其是必要条件即可. 关注零点很重要.

5.(2015 北京理第 Ⅲ 问)已知函数 $f(x) = \ln \dfrac{1+x}{1-x}$.

(Ⅲ) 设实数 k 使得 $f(x) > k\left(x + \dfrac{x^3}{3}\right)$ 对 $x \in (0, 1)$ 恒成立,求 k 的最大值.

解:(Ⅲ) 设 $g(x) = f(x) - k\left(x + \dfrac{x^3}{3}\right)$ $x \in (0, 1)$.

$g'(x) = \dfrac{2}{1-x^2} - k(1 + x^2) = (1 + x^2)\left(\dfrac{2}{1-x^4} - k\right)$. 因为 $x \in (0, 1)$,所以 $\dfrac{2}{1-x^4} \in (2, +\infty)$.

① 当 $k \leqslant 2$ 时, $g'(x) \geqslant 0$,所以 $g(x)$ 在 $(0, 1)$ 上为增函数.

所以 $g(x) > g(0) = 0$,符合题意.

② 当 $k > 2$ 时, $x \in \left[0, \sqrt[4]{1 - \dfrac{2}{k}}\right]$, $g'(x) < 0$, 所以 $g(x)$ 在

$\left[0, \sqrt[4]{1-\dfrac{2}{k}}\right]$ 上为减函数.

所以 $g(x) < g(0) = 0$,不符合题意.

综上:$k \leqslant 2$,k 的最大值为 2.

说明:按照上述的方法,无需原题第二问的铺垫,我们就可以快速解决这类问题. 此法适合什么样的情境? 当然适合导数可以进行参变分离的情境,这是方法的核心.

6. 已知函数 $f(x) = x \cdot e^x$,$k \cdot f(x) \geqslant \dfrac{1}{2}x^2 + x$ 在 $[-1, +\infty)$ 上恒成立,求 k 值的集合.

解:令 $g(x) = k \cdot f(x) - \left(\dfrac{1}{2}x^2 + x\right) = kx \cdot e^x - \dfrac{1}{2}x^2 - x$ ($x \geqslant -1$).

只需 $g(x) \geqslant 0$ 在 $[-1, +\infty)$ 上恒成立. $g'(x) = k(x+1)e^x - (x+1) = (x+1)(ke^x - 1)$.

① 若 $k \leqslant 0$,$x > 0$ 时,$g'(x) < 0$,$g(x)$ 在 $(0, +\infty)$ 上递减,

此时 $g(x) < g(0) = 0$,$g(x) \geqslant 0$ 不恒成立.

若 $k > 0$,$g'(x) = 0$,得 $x_1 = -\ln k$,$x_2 = -1$.

② 当 $k \geqslant e$ 时,$-\ln k \leqslant -1$,$x > -1$ 时,$g'(x) > 0$,$g(x)$ 在 $(-1, +\infty)$ 上单调递增.

故 $-1 \leqslant x < 0$ 时,$g(x) < g(0) = 0$,所以 $g(x) \geqslant 0$ 不恒成立.

③ 当 $0 < k < e$ 时 $-\ln k > -1$

当 $x \in (-1, x_1)$ 时,$g'(x) < 0$,$g(x)$ 在 $(-1, x_1)$ 上单调递减;

当 $x \in (x_1, +\infty)$ 时,$g'(x) > 0$,$g(x)$ 在 $(x_1, +\infty)$ 单调递增.

所以 $x = x_1$ 时,$g(x)$ 取最小值.

$g(x_1) = kx_1 e^{x_1} - \dfrac{1}{2}x_1^2 - x_1 = kx_1 e^{-\ln k} - \dfrac{1}{2}x_1^2 - x_1 = -\dfrac{1}{2}x_1^2$

$\geqslant 0$.

故 $x_1 = 0$,即 $k = 1$. 综上,k 的取值集合为 $\{1\}$.

说明:要培养学生关注零点的意识,本题的零点不是在区间的端点处取得,不能模式化地按第 5、6 题的分析方式进行,本题的训练有助于学生对函数性质的感悟,比如函数可能在零点处取得最值.

7. 已知函数 $f(x) = \dfrac{ax^2 + x + a}{e^x}$,当 $x \in [0, 2]$ 时,$f(x) > \dfrac{1}{e^2}$ 恒成立,求 a 的取值范围.

解:因为 $x \in [0, 2]$ 时,$f(x) > \dfrac{1}{e^2}$ 恒成立,所以 $f(0) > \dfrac{1}{e^2}$,即 $a > \dfrac{1}{e^2}$.

$$f'(x) = -\dfrac{(x-1)(ax - a + 1)}{e^x}$$

(1) 当 $\dfrac{1}{e^2} < a \leqslant 1$ 时,$1 - \dfrac{1}{a} \leqslant 0$,

当 $x \in [0, 1)$ 时,$f'(x) > 0$,$f(x)$ 的增区间为 $[0, 1)$;

当 $x \in (1, 2]$ 时,$f'(x) < 0$,$f(x)$ 的减区间为 $(1, 2]$.

$f(x)$ 的最小值为 $f(0), f(2)$ 中较小者,

而 $\begin{cases} f(0) = a > \dfrac{1}{e^2} \\ f(2) = \dfrac{5a+2}{e^2} > \dfrac{1}{e^2} \end{cases}$,所以当 $x \in [0, 2]$ 时,$f(x) > \dfrac{1}{e^2}$ 恒成立.

(2) 当 $a > 1$ 时,$0 < 1 - \dfrac{1}{a} < 1$,

当 $x \in \left[0, 1 - \dfrac{1}{a}\right)$ 或 $x \in (1, 2]$ 时,$f'(x) < 0$,$f(x)$ 的减区间为

$\left[0, 1-\dfrac{1}{a}\right), (1, 2]$,

当 $x \in \left(1-\dfrac{1}{a}, 1\right)$ 时，$f'(x) > 0$，$f(x)$ 的增区间为 $\left(1-\dfrac{1}{a}, 1\right)$.

$f(x)$ 的最小值为 $f\left(1-\dfrac{1}{a}\right)$，$f(2)$ 中较小者，

而 $\begin{cases} f\left(1-\dfrac{1}{a}\right) = \dfrac{2a-1}{e^{1-\frac{1}{a}}} > \dfrac{1}{e^{1-\frac{1}{a}}} > \dfrac{1}{e^2} \\ f(2) = \dfrac{5a+2}{e^2} > \dfrac{1}{e^2} \end{cases}$，所以当 $x \in [0, 2]$ 时，$f(x) > \dfrac{1}{e^2}$ 恒成立.

综上：$a > \dfrac{1}{e^2}$，即 a 的取值范围为 $\left(\dfrac{1}{e^2}, +\infty\right)$.

说明：寻求命题成立的必要条件，以此来缩小参数的取值范围，一般可以减少分类讨论，达到优化解题的效果.

（六）零点问题

理解零点的概念，概念体现了求零点的基本解法．还要让学生体会什么问题可以转化为零点问题？一般零点很难求出，所以确定零点个数就成了考试中的热点问题.

要培养学生以下基本认识：

① 单调性与零点存在定理相结合就能确定零点个数，实质是一种数形结合.

② 最大值或最小值的正负某种程度决定有无零点，比如最小值大于零，函数一定无零点.

③ 函数在某区间上恒正或恒负，则函数在此区间上无零点.

④ 若函数有奇偶性，只需研究定义域的一半上的零点个数.

⑤ 如何估算零点?利用函数单调性与零点存在定理结合可以估算零点.

1. 已知函数 O 在区间 m 上有两个零点,求实数 b 的取值范围.

解:依题得 $g(x) = \dfrac{2}{x} + \ln x + x - 2 - b$,则 $g'(x) = \dfrac{x^2 + x - 2}{x^2}$.

由 $g'(x) > 0$ 解得 $x > 1$;由 $g'(x) < 0$ 解得 $0 < x < 1$.

所以函数 $g(x)$ 在区间 $(0,1)$ 为减函数,在区间 $(1, +\infty)$ 为增函数.

又因为函数 $g(x)$ 在区间 $[e^{-1}, e]$ 上有两个零点,所以 $\begin{cases} g(e^{-1}) \geqslant 0, \\ g(e) \geqslant 0, \\ g(1) < 0. \end{cases}$

解得 $1 < b \leqslant \dfrac{2}{e} + e - 1$. 所以 b 的取值范围是 $\left(1, \dfrac{2}{e} + e - 1\right]$.

说明:函数单调性与零点存在定理相结合就能确定零点个数,这是确定零点个数问题的本质,教学时要讲清、讲透.

2. 已知 $f(x) = x^3 + ax + \dfrac{1}{4}$ $(-3 < a < 0)$,讨论 $f(x)$ 在区间 $(0,1)$ 上的零点个数.

解:$f'(x) = 3x^2 + a$,因为 $-3 < a < 0$,令 $f'(x) = 0$,得 $x = \sqrt{-\dfrac{a}{3}}$,

所以 $x \in \left[0, \sqrt{-\dfrac{a}{3}}\right]$ 时,$f'(x) < 0$,$f(x)$ 的减区间为 $\left[0, \sqrt{-\dfrac{a}{3}}\right]$;

$x \in \left(\sqrt{-\dfrac{a}{3}}, 1\right]$ 时，$f'(x) > 0$，$f(x)$ 的增区间为 $\left(\sqrt{-\dfrac{a}{3}}, 1\right]$.

所以 $f(x)_{\min} = f\left(\sqrt{-\dfrac{a}{3}}\right) = -\dfrac{2a}{3}\sqrt{-\dfrac{a}{3}} + \dfrac{1}{4}$

(1) $f\left(\sqrt{-\dfrac{a}{3}}\right) > 0$，即 $-\dfrac{3}{4} < a < 0$ 时，$f(x)$ 在区间 $(0,1)$ 上的零点个数为 0.

(2) $f\left(\sqrt{-\dfrac{a}{3}}\right) = 0$，即 $a = -\dfrac{3}{4}$ 时，$f(x)$ 在区间 $(0,1)$ 上的零点个数为 1.

(3) $f\left(\sqrt{-\dfrac{a}{3}}\right) < 0$，即 $-3 < a < -\dfrac{3}{4}$ 时，

因为 $f(0) = \dfrac{1}{4} > 0$，$f(x)$ 在区间 $\left(0, \sqrt{-\dfrac{a}{3}}\right)$ 上的零点个数为 1.

当 $-3 < a \leqslant -\dfrac{5}{4}$ 时，$f(1) = a + \dfrac{5}{4} < 0$，$f(x)$ 在区间 $\left(\sqrt{-\dfrac{a}{3}}, 1\right]$ 上的零点个数为 0.

当 $-\dfrac{5}{4} < a < -\dfrac{3}{4}$ 时，$f(1) = a + \dfrac{5}{4} > 0$，$f(x)$ 在区间 $(\sqrt{-\dfrac{a}{3}}, 1)$ 上的零点个数为 1.

即当 $-3 < a \leqslant -\dfrac{5}{4}$ 时，$f(x)$ 在区间 $(0,1)$ 上的零点个数为 1；

当 $-\dfrac{5}{4} < a < -\dfrac{3}{4}$ 时，$f(x)$ 在区间 $(0,1)$ 上的零点个数为 2.

综上：$-\dfrac{3}{4} < a < 0$ 时，$f(x)$ 在区间 $(0,1)$ 上的零点个数为 0；

$a = -\dfrac{3}{4}$ 或 $-3 < a \leqslant -\dfrac{5}{4}$ 时，$f(x)$ 在区间 $(0,1)$ 上的零点个数为

1；

$-\dfrac{5}{4} < a < -\dfrac{3}{4}$ 时，$f(x)$ 在区间 $(0,1)$ 上的零点个数为 2.

说明：最大值或最小值的正负某种程度决定有无零点，分类讨论由此进入．

零点问题绕不开的一个难点

3．求函数 $f(x) = \ln x - ax\left(a \leqslant \dfrac{1}{e}\right)$ 的零点个数．

方法一：本题转化为研究方程 $\ln x - ax = 0$ 解的个数，进而可以转化为 $a = \dfrac{\ln x}{x}\left(a \leqslant \dfrac{1}{e}\right)$ 解的个数，即 $y = a\left(a \leqslant \dfrac{1}{e}\right)$ 与 $h(x) = \dfrac{\ln x}{x}$ 的交点个数问题．

此种方法最好不要在解答题中应用，因为此种解法本质是一种数形结合．

方法二：$f'(x) = \dfrac{1}{x} - a = \dfrac{1-ax}{x}$

① 当 $a \leqslant 0$ 时，$f'(x) > 0$ 在 $(0, +\infty)$ 上恒成立，

$f(x)$ 在区间 $(0, +\infty)$ 上为增函数．

$x \to 0^+$，$f(x) \to -\infty$

$x \to +\infty$，$f(x) \to +\infty$

$f(x)$ 的图象如上，所以 $f(x)$ 只有一个零点．

② 当 $0 < a < \dfrac{1}{e}$ 时，

当 $x \in \left(0, \dfrac{1}{a}\right)$ 时，$f'(x) > 0$，$f(x)$ 在区间 $\left(0, \dfrac{1}{a}\right)$ 上为增函数；

当 $x \in \left(\dfrac{1}{a}, +\infty\right)$ 时，$f'(x) < 0$，$f(x)$ 在区间 $\left(\dfrac{1}{a}, +\infty\right)$ 上为减函数；

当 $x = \dfrac{1}{a}$ 时,$f(x)_{\max} = \ln\dfrac{1}{a} - 1 > 0$.

$x \to 0^+$, $f(x) \to -\infty$

$x \to +\infty$, $f(x) \to -\infty$

$f(x)$ 的图象如上,所以 $f(x)$ 有两个零点.

③ 当 $a = \dfrac{1}{e}$ 时,由 ② 知,$f(x)_{\max} = \ln\dfrac{1}{a} - 1 = 0$,所以 $f(x)$ 只有一个零点.

综上:$a = \dfrac{1}{e}$ 或 $a \leqslant 0$ 时,$f(x)$ 只有一个零点;

$0 < a < \dfrac{1}{e}$ 时,$f(x)$ 有两个零点.

说明:直接研究函数 $f(x) = \ln x - ax$ 的性质,来解决此问题. 这里有一个绕不开的一个难点,那就是运用零点存在定理时,需要找到 x_1 或 x_2,使得 $f(x_1) < 0$ 或 $f(x_2) > 0$,一般不容易找到,我们可以向上面那样,用极限替代. 如果不用极限表示函数图象状态,一般试验特殊值或用放缩的办法. 比如下面的写法.

$f(1) = -a < 0$ 可以替换 $x \to 0^+$, $f(x) \to -\infty$.

当 $x \in \left(\dfrac{1}{a^2}, +\infty\right)$ 时,$f(x) = \ln x - ax < \sqrt{x} - ax < 0$ 可以替代 $x \to +\infty$, $f(x) \to -\infty$.

当然 $\ln x < \sqrt{x}$ 需要证明."解决函数零点问题"的实质即借助导数工具研究函数性质,描绘出函数图象,进而确定函数的零点个数.

关注原函数的正负

4.(2016 全国 I 卷理改编)证明:$-\dfrac{e}{2} < a < 0$ 时,$f(x) = (x-2)e^x + a(x-1)^2$ 在 R 上至多一个零点.

证法一:$f'(x)=(x-1)e^x+2a(x-1)=(x-1)(e^x+2a)$.

若$-\dfrac{e}{2}<a<0$,则$\ln(-2a)<\ln e=1$.

x	$(-\infty,\ln(-2a))$	$\ln(-2a)$	$(\ln(-2a),1)$	1	$(1,+\infty)$
$f'(x)$	+	0	−	0	+
$f(x)$	↗	极大值	↘	极小值	↗

而极大值$f(ln(-2a))=-2a[ln(-2a)-2]+a[ln(-2a)-1]^2$
$=a\{[ln(-2a)-2]^2+1\}<0$.

故当$x\leqslant 1$时,$f(x)$在$x=\ln(-2a)$处取到最大值$f(\ln(-2a))$,那么$f(x)\leqslant f(\ln(-2a))<0$.

恒成立,即$f(x)=0$无解.

而当$x>1$时,$f(x)$单调递增,至多一个零点,此时$f(x)$在R上至多一个零点.

证法二:若$-\dfrac{e}{2}<a<0$,当$x\leqslant 1$时,$f(x)<0$,

而$f'(x)=(x-1)e^x+2a(x-1)=(x-1)(e^x+2a)$.

则$f'(x)>0$在$(1,+\infty)$上恒成立,$f(x)$单调递增,至多一个零点.

此时$f(x)$在R上至多一个零点.

说明:如果函数在某个区间上函数值恒正或恒负,那么该函数在此区间上没有零点,不需要关注该函数在此区间上的单调性与极值.如何判断原函数在某区间上的正负?一般根据原函数的结构,若是加和形式,则判断每一部分的正负,若是乘积结构,则判断每一个因式的正负,若含有参数,再结合参数的正负确定函数在某个区间上函数值恒正或恒负.

关注奇偶性

5.已知 $f(x) > kx-1, g(x) = x-1+\dfrac{1}{e^x}-(kx-1)$,讨论函数 $f(x)$ 的零点个数.

解:易证 $f(x) > kx-1$ 为偶函数.

(1)当 $a > 0$ 时,因为 $f(x) = a\cos x + x\sin x > 0, x \in \left[-\dfrac{\pi}{2}, \dfrac{\pi}{2}\right]$ 恒成立.

所以函数 $f(x)$ 没有零点.

(2)当 $a = 0$ 时,令 $f(x) = x\sin x = 0$,由 $x \in \left[-\dfrac{\pi}{2}, \dfrac{\pi}{2}\right]$,得 $x = 0$.

所以函数 $f(x)$ 有且只有一个零点.

(3)当 $a < 0$ 时, $x \in \left(0, \dfrac{\pi}{2}\right)$ 时, $f'(x) = -a\sin x + \sin x + x\cos x$ $= (1-a)\sin x + x\cos x > 0$,所以 $f(x)$ 是 $\left[0, \dfrac{\pi}{2}\right]$ 上的增函数.

因为 $f(0) = a < 0, f\left(\dfrac{\pi}{2}\right) = \dfrac{\pi}{2} > 0$,所以 $f(x)$ 在 $\left(0, \dfrac{\pi}{2}\right)$ 上只有一个零点.

由 $f(x)$ 是偶函数可知,函数 $f(x)$ 有两个零点.

综上所述:当 $a > 0$ 时,函数 $f(x)$ 的零点个数为 0;当 $a = 0$ 时,函数 $f(x)$ 的零点个数为 1;当 $a < 0$ 时,函数 $f(x)$ 的零点个数为 2.

说明:函数奇偶性是函数对称性的一种,若函数具有奇偶性,我们只需研究定义域上一半的性质就可以知道另一半的性质,而定义域的缩小有助于判断复杂导数的正负,所以关注原函数的奇偶性会简化所研究的问题.

隐零点处理

6.已知函数 $f(x) = ae^x - 4x, a \in R$.

（Ⅰ）求函数 $f(x)$ 的单调区间；

（Ⅱ）当 $a = 1$ 时，求证：曲线 $y = f(x)$ 在抛物线 $y = -x^2 - 1$ 的上方.

解：（Ⅰ）求导得 $f'(x) = ae^x - 4$. 定义域 $x \in R$.

当 $a \leqslant 0$ 时，$f'(x) < 0$，函数 $f(x)$ 在 R 上为减函数；

当 $a > 0$ 时，令 $f'(x) > 0$ 得 $x > \ln\dfrac{4}{a}$，$f(x)$ 为增函数.

令 $f'(x) < 0$ 得 $x < \ln\dfrac{4}{a}$，$f(x)$ 为减函数.

所以 $a \leqslant 0$ 时，函数 $f(x)$ 减区间是 $(-\infty, +\infty)$.

当 $a > 0$ 时，函数 $f(x)$ 增区间是 $\left(\ln\dfrac{4}{a}, +\infty\right)$，减区间是 $\left(-\infty, \ln\dfrac{4}{a}\right)$.

（Ⅱ）依题意，只需证 $e^x - 4x + x^2 + 1 > 0$. 设 $F(x) = e^x - 4x + x^2 + 1$.

则 $F'(x) = e^x - 4 + 2x$，设 $G(x) = F'(x)$.

因为 $G'(x) = e^x + 2 > 0$，所以 $G(x)$ 在 $(-\infty, +\infty)$ 上单调递增.

又因为 $G(0) = -3 < 0$，$G(1) = e - 2 > 0$，所以 $G(x) = 0$ 在 $(0, 1)$ 内有唯一解，

记为 x_0，即 $e^{x_0} = 4 - 2x_0$.

当 $x < x_0$ 时，$F'(x) < 0$，$F(x)$ 单调递减；当 $x > x_0$ 时，$F'(x) > 0$，$F(x)$ 单调递增；

所以 $F(x)_{\min} = F(x_0) = e^{x_0} - 4x_0 + x_0^2 + 1 = x_0^2 - 6x_0 + 5$，$x_0 \in (0, 1)$.

设 $g(x)=x^2-6x+5=(x-3)^2-4, x\in(0,1)$. 则 $g(x)>g(1)=0$. 所以 $F(x_0)>0$.

所以 $F(x)>0$, 即曲线 $y=f(x)$ 在抛物线 $y=-x^2-1$ 上方.

说明:在利用导数法研究函数性质时,对函数求导后,若 $f'(x)=0$ 是超越形式,我们无法利用目前所学知识求出导函数零点,但零点是存在的,我们称之为隐零点,一般可归结为两种类型.类型一,不含参函数的隐零点问题.处理时注意两点,设方程 $f'(x)=0$ 的根为 x_0,① 合理利用关系式 $f'(x_0)=0$.② 注意确定 x_0 的合适范围.类型二,含参函数的隐零点问题.处理时注意两点,设方程 $f'(x,a)=0$ 的根为 x_0,① 关系式 $f'(x_0)=0$,该关系式给出了 x_0 与 a 的关系.② 注意确定 x_0 的合适范围,往往和 a 的范围有关.隐零点问题的基本解决思路是:形式上虚设,运算上代换,数值上估算.

专题示范 函数背景下的不等式证明

数学的基本特点是应用的广泛性、理论的抽象性和逻辑的严谨性,不等式的证明能地很好体现数学的基本特征. 特别是函数背景下的不等式证明,具有一定的综合性,灵活多样性,也就成了高考压轴题的常客. 有必要深入探索其数学本质,找到解决问题的核心思想方法、一般方法和常用的解题策略,最后根据具体问题情境采取恰当、简洁的思路方法来解决问题. 下面从五个方面来阐述函数背景下不等式证明的基本方法和解决策略.

一、构造辅助函数

函数背景下的不等式证明,离不开导数这一工具,是导数的重要应用之一. 解决这类问题的核心思想方法是什么呢?关键是要找出与待证不等式紧密联系的函数,然后以导数为工具来研究该函数的单调性、极值、最值(值域),从而达到证明不等式的目的,这就是构造辅助函数法. 构造函数的目的是什么?用导数可以求出该函数的最值,当该函数取最大(或最小)值时不等式都成立,可得该不等式恒成立,从而把证明不等式问题转化为函数求最值问题.

由于构造辅助函数可有多种形式,所以解题的繁简程度也因此而不同,下面给出几种常用的构造技巧.

(一)构造差函数

例1 证明不等式:当 $x \geqslant 0$ 时,$x \geqslant \sin x$.

证明:设 $f(x) = x - \sin x$ $(x \geqslant 0)$,$f'(x) = 1 - \cos x \geqslant 0$.

所以函数 $f(x)$ 在 $[0, +\infty)$ 上单调递增.

所以 $f(x)_{\min} = f(0) = 0$,故 $f(x) \geqslant 0$.

所以当 $x \geqslant 0$ 时,$x \geqslant \sin x$.

说明:欲证不等式 $f(x) \geqslant g(x)(x \in I)$,$I$ 是区间,只需证明 $f(x) - g(x) \geqslant 0 (x \in I)$.

设 $h(x) = f(x) - g(x)(x \in I)$,即证 $h(x) \geqslant 0 (x \in I)$,也即证 $h(x)_{\min} \geqslant 0 (x \in I)$,若 $h(x)_{\min}$ 不存在,则需求函数 $h(x)$ 的下确界.

例 2 证明:当 $x \geqslant 0$ 时,$e^x \geqslant 1 + x + \dfrac{1}{2}x^2$.

证明:设 $f(x) = e^x - \dfrac{1}{2}x^2 - x - 1$ $(x \geqslant 0)$,只需证 $f(x) \geqslant 0$ 在 $[0, +\infty)$ 上恒成立.

$f'(x) = e^x - x - 1$ $(x \geqslant 0)$.

设 $g(x) = f'(x) = e^x - x - 1$,

则 $g'(x) = e^x - 1 \geqslant 0$,$g(x)$ 在 $[0, +\infty)$ 上单调递增,$f'(x)$ 在 $[0, +\infty)$ 上单调递增.

故 $f'(x) \geqslant f'(0) = 0$.

即 $f(x)$ 在 $(0, +\infty)$ 为增函数.

所以 $f(x) \geqslant f(0) = 0$.

即当 $x \geqslant 0$ 时,$e^x \geqslant 1 + x + \dfrac{1}{2}x^2$.

说明:本题 $f'(x) = e^x - x - 1$ $(x \geqslant 0)$ 的正负不能直接确定,如何判断导数的正负,那我们再次借助导数研究一阶导数的单调性与最值(或值域),故本题需要二次求导. 我们永远要弄清为什么要再次求导,本题实质与例 1 一致.

(二) 变形后构造函数

例 3　证明:当 $x \geqslant 0$ 时, $e^x - x^2 \geqslant 1$.

证明:本题即证当 $x \geqslant 0$ 时, $e^x \geqslant x^2 + 1$.

即证当 $x \geqslant 0$ 时, $x \geqslant \ln(x^2 + 1)$, 设 $g(x) = x - \ln(x^2 + 1)$　($x \geqslant 0$).

$g'(x) = 1 - \dfrac{2x}{x^2 + 1} = \dfrac{(x-1)^2}{x^2 + 1} \geqslant 0$, 所以 $g(x)$ 在区间 $[0, +\infty)$ 上单调递增.

所以 $g(x) \geqslant g(0) = 0$, 所以当 $x \geqslant 0$ 时, $e^x - x^2 \geqslant 1$.

说明:不等式中含有指数式,有时取对数后再构造函数会带来方便,本题就避开了二次求导,是一个不错的策略.

(三) 换元(替换、赋值) 构造函数

例 4　证明: $\ln(2^n + 1) - \ln 2^n < \dfrac{1}{2^n}$　($n \in N$).

证明:欲证 $\ln(2^n + 1) - \ln 2^n < \dfrac{1}{2^n}$　($n \in N$),

即证 $\ln\left(1 + \dfrac{1}{2^n}\right) < \dfrac{1}{2^n}$　($n \in N$).

设 $f(x) = x - \ln(x + 1)$　($0 < x \leqslant 1$), $f'(x) = 1 - \dfrac{1}{x+1} = \dfrac{x}{x+1} > 0$.

故函数 $f(x)$ 在 $(0, 1]$ 单调递增.

所以 $f(x) > f(0) = 0$,

即当 $0 < x \leqslant 1$ 时, $x \geqslant \ln(x+1)$ 成立.

而 $\dfrac{1}{2^n} \in (0, 1]$, 所以 $\ln\left(1 + \dfrac{1}{2^n}\right) < \dfrac{1}{2^n}$　($n \in N$).

即 $\ln(2^n+1) - \ln 2^n < \dfrac{1}{2^n}$ $(n \in N)$.

例 5(2011 全国大纲)

（Ⅰ）设函数 $f(x) = \ln(1+x) - \dfrac{2x}{x+2}$,证明:当 $x>0$ 时,$f(x)>0$.

（Ⅱ）证明: $\left(\dfrac{9}{10}\right)^{19} < \dfrac{1}{e^2}$.

分析:（Ⅰ）证明略

（Ⅱ）$\left(\dfrac{9}{10}\right)^{19} < \dfrac{1}{e^2}$ 如何与 $x>0$ 时,$f(x) = \ln(x+1) - \dfrac{2x}{x+2} > 0$ 联系起来?

$\left(\dfrac{9}{10}\right)^{19} < \dfrac{1}{e^2}$ 不含有参数,是否与 $f(x)$ 的某一个函数值的正负有关.

可将 $\left(\dfrac{9}{10}\right)^{19} < \dfrac{1}{e^2}$ 适当变形, $\left(\dfrac{9}{10}\right)^{19} < \dfrac{1}{e^2} \Leftrightarrow 19\ln\dfrac{9}{10} < -2 \Leftrightarrow \ln\dfrac{9}{10} < -\dfrac{2}{19} \Leftrightarrow \ln\dfrac{10}{9} > \dfrac{2}{19} \Leftrightarrow \ln\dfrac{10}{9} - \dfrac{2}{19} > 0 \Leftrightarrow f\left(\dfrac{1}{9}\right) > 0$. 由（Ⅰ）知,当 $x>0$ 时, $f(x)>0$. 所以 $f\left(\dfrac{1}{9}\right) > 0$ 成立. 即 $\left(\dfrac{9}{10}\right)^{19} < \dfrac{1}{e^2}$ 成立.

将上述分析过程用分析法规范写出就是完美的解答了.

说明:不等式中没有变量,往往通过变形可以看作某一个函数的函数值.问题可以转化为研究函数值的正负,进而转化为研究函数在某区间上的正负即可.

（四）"拆分法"构造两函数

例 6(2014 年高考课标全国卷Ⅰ理科第 21 题) 设函数 $f(x) =$

$a\mathrm{e}^x\ln x+\dfrac{b\mathrm{e}^{x-1}}{x}$,曲线 $y=f(x)$ 在点 $(1,f(1))$ 处的切线为 $y=\mathrm{e}(x-1)+2$.

（Ⅰ）求 a,b；

（Ⅱ）证明：$f(x)>1$.

解：（Ⅰ）$f'(x)=a\mathrm{e}^x\ln x+\dfrac{a}{x}\mathrm{e}^x-\dfrac{b}{x^2}\mathrm{e}^{x-1}+\dfrac{b}{x}\mathrm{e}^{x-1}$.

由题设即 $f(1)=2,f'(1)=\mathrm{e}$,可求得 $a=1,b=2$.

（Ⅱ）即证 $x\ln x>x\mathrm{e}^{-x}-\dfrac{2}{\mathrm{e}}(x>0)$,设 $g(x)=x\ln x(x>0)$,$g'(x)=1+\ln x$.

$x\in\left(0,\dfrac{1}{\mathrm{e}}\right)$ 时,$g'(x)<0$,$x\in\left(\dfrac{1}{\mathrm{e}},+\infty\right)$ 时,$g'(x)>0$.

$g(x)$ 减区间为 $\left(0,\dfrac{1}{\mathrm{e}}\right)$,增区间为 $\left(\dfrac{1}{\mathrm{e}},+\infty\right)$.

所以 $g(x)_{\min}=g\left(\dfrac{1}{\mathrm{e}}\right)=-\dfrac{1}{\mathrm{e}}$.

设 $h(x)=x\mathrm{e}^{-x}-\dfrac{2}{\mathrm{e}}(x>0)$,则 $h'(x)=\dfrac{1-x}{\mathrm{e}^x}$.

$x\in(0,1)$ 时,$h'(x)>0$；$x\in(1,+\infty)$ 时,$h'(x)<0$.

$h(x)$ 增区间为 $(0,1)$,减区间为 $(1,+\infty)$.

得 $h(x)_{\max}=h(1)=-\dfrac{1}{\mathrm{e}}$.所以 $g(x)_{\min}=h(x)_{\max}$.

又上式取等号时 x 取值不同,所以 $g(x)>h(x)$.

即 $f(x)>1$.

说明：当所要证明的不等式由几个基本初等函数通过相乘以及相加的形式组成时,如果对其直接求导,得到的导函数往往给人一种"扑朔迷离""不知所措"的感觉,这时可以将原不等式合理拆分为 $f(x)\leqslant$

$g(x)$ 的形式,考虑极端情况,去证明 $f(x)_{max} \leqslant g(x)_{min}$ 即可,此时注意配合使用导数工具. 在拆分的过程中,一定要注意合理性的把握,以两端和谐为标准.

本题也可以借助切线不等式及其变形来证明.

二、多元不等式的证明策略

(一)"减元法"构造函数

例 7 设 $0 < a < b$,求证:$\dfrac{\ln b - \ln a}{b - a} < \dfrac{1}{\sqrt{ab}}$.

解:因为 $0 < a < b$,不等式 $\dfrac{\ln b - \ln a}{b - a} < \dfrac{1}{\sqrt{ab}}$ 等价于 $\ln b - \ln a < \dfrac{b - a}{\sqrt{ab}}$.

即 $\ln \dfrac{b}{a} < \sqrt{\dfrac{b}{a}} - \sqrt{\dfrac{a}{b}}$,令 $\sqrt{\dfrac{b}{a}} = t$ $(t > 1)$,原不等式转化为 $2\ln t < t - \dfrac{1}{t}$.

令 $h(t) = 2\ln t - t + \dfrac{1}{t}$ $(t > 1)$,

$h'(t) = \dfrac{2}{t} - 1 - \dfrac{1}{t^2} = -\dfrac{(t-1)^2}{t^2} < 0$.

所以 $h(t) = 2\ln t - t + \dfrac{1}{t}$ 在 $(1, +\infty)$ 上单调递减.

所以当 $t > 1$ 时,$h(t) < h(1) = 0$.

即当 $t > 1$ 时,$2\ln t - t + \dfrac{1}{t} < 0$ 成立.

所以,当时 $0 < a < b$,不等式 $\dfrac{\ln b - \ln a}{b - a} < \dfrac{1}{\sqrt{ab}}$ 成立.

说明：不等式含有两个参数，看是否可以转化为一个参数，进而转化为一个函数值的正负问题．在构造函数时，永远要考虑所构造的函数是否好研究，求导是否简洁．

例8（2013年高考陕西改编） 已知函数 $f(x)=e^x(x\in R)$．设 $a<b$，比较 $f\left(\dfrac{a+b}{2}\right)$ 与 $\dfrac{f(b)-f(a)}{b-a}$ 的大小，并说明理由．

解析：$\dfrac{f(b)-f(a)}{b-a}-f\left(\dfrac{a+b}{2}\right)$ $(a<b)$ $=\dfrac{e^b-e^a}{b-a}-e^{\frac{a+b}{2}}$ $=e^{\frac{a+b}{2}}\left(\dfrac{e^{\frac{b-a}{2}}-e^{\frac{a-b}{2}}}{b-a}-1\right)$．

因为 $e^{\frac{a+b}{2}}>0$，故只需看 $\dfrac{e^{\frac{b-a}{2}}-e^{\frac{a-b}{2}}}{b-a}-1$ 的正负．

将 $b-a=x>0$，可构造函数 $g(x)=\dfrac{e^{\frac{x}{2}}-e^{-\frac{x}{2}}}{x}-1$，此函数好研究吗？

继续变形 $\dfrac{f(b)-f(a)}{b-a}-f\left(\dfrac{a+b}{2}\right)=\dfrac{e^{\frac{a+b}{2}}}{b-a}\left[e^{\frac{b-a}{2}}-e^{\frac{a-b}{2}}-(b-a)\right]$．

设函数 $h(x)=e^x-e^{-x}-2x(x\geqslant 0)$．

$h'(x)=e^x+\dfrac{1}{e^x}-2\geqslant 2\sqrt{e^x\cdot\dfrac{1}{e^x}}-2=0$，所以 $h(x)$ 单调递增．

当 $x>0$ 时，$h(x)>h(0)=0$，令 $x=\dfrac{b-a}{2}$ 即 $e^{\frac{b-a}{2}}-e^{\frac{a-b}{2}}-(b-a)>0$，又 $\dfrac{e^{\frac{a+b}{2}}}{b-a}>0$，

所以 $\dfrac{f(b)-f(a)}{b-a}>f\left(\dfrac{a+b}{2}\right)$．

说明：去分母往往能起到简化作用，这是因为有分母时，求导时要利用商的导数公式，导数可能很复杂，有可能需要多次求导．

(二)"单调性"法

例9 已知函数 $f(x) = \dfrac{1}{2}x^2 - ax + (a-1)\ln x$.

证明：若 $1 < a < 5$，则对任意 $x_1, x_2 \in (0, +\infty)$，$x_1 \neq x_2$，有 $\dfrac{f(x_1) - f(x_2)}{x_1 - x_2} > -1$.

解析：当我们看到所要证明的不等式时，可能想到 $(x_1, f(x_1))$ 和 $(x_2, f(x_2))$ 是函数 $f(x)$ 图象上两点的坐标，而证明的不等式就是在函数图象上任取两点斜率的取值范围，这其实是不等式的几何背景，但确定函数图象上任意两点斜率的最小值是有难度的．为此，我们将不等式 $\dfrac{f(x_1) - f(x_2)}{x_1 - x_2} > -1$ 进行适当变形．

考虑到分母的符号，不妨设 $x_1 > x_2 > 0$，$\dfrac{f(x_1) - f(x_2)}{x_1 - x_2} > -1 \Leftrightarrow f(x_1) - f(x_2) > -(x_1 - x_2) \Leftrightarrow f(x_1) - f(x_2) > x_2 - x_1 \Leftrightarrow f(x_1) + x_1 > f(x_2) + x_2$.

由此不难看出，只要证明函数 $F(x) = f(x) + x$ 是单调递增函数不等式就成立．因此，接下来我们只需判断 $F'(x)$ 的符号即可．

$$F'(x) = x - a + \dfrac{a-1}{x} + 1 = \dfrac{x^2 + (1-a)x + a - 1}{x}.$$

$h(x) = x^2 + (1-a)x + a - 1$ 表示开口向上，对称轴为 $x = \dfrac{a-1}{2} > 0$ 的抛物线，

$h(x)$ 在 $(0, +\infty)$ 上的最小值为 $h\left(\dfrac{a-1}{2}\right) = \dfrac{(a-1)(5-a)}{4} > 0$.

所以 $F'(x) > 0$，所以 $F(x)$ 是单调递增函数，原命题得证．

说明：不等式含有两个参数，通过转化可以化成两端结构一样的不等式，若参数是不相关的任意的两个量，实质上就是一个函数单调

性问题.

例 10 已知函数 $f(x) = (x+1)e^{-x-1}$,且 $f(x_1) = f(x_2)(x_1 \neq x_2)$.

证明:$x_1 + x_2 > 0$.

分析:我们可以先研究 $f(x)$ 的性质,再由 $f(x_1) = f(x_2)(x_1 \neq x_2)$,分析 x_1, x_2 的关系,联想函数的单调性解决问题.

证明:$x \in \mathrm{R}, f'(x) = -xe^{-x-1}$,

所以 $f(x)$ 在 $(-\infty, 0)$ 上是增函数,在 $(0, +\infty)$ 上是减函数.

易知当 $x < -1$ 时,$f(x) < 0$,当 $x > -1$ 时,$f(x) > 0$,

当且仅当 $x = -1$ 时,$f(x) = 0$,

且当 $x \to -\infty$ 时,$f(x) \to -\infty$,当 $x \to +\infty$ 时,$f(x) \to 0^+$.

所以若 $f(x_1) = f(x_2)(x_1 \neq x_2)$,则不妨设 $-1 < x_1 < 0, x_2 > 0$.

故要证 $x_1 + x_2 > 0$,只需证 $x_1 > -x_2$(或 $x_2 > -x_1$),

因为 x_1 与 $-x_2$ 均在区间 $(-\infty, 0)$ 上,又因为 $f(x)$ 在 $(-\infty, 0)$ 上是增函数,

故又只需证 $f(x_1) > f(-x_2)$ 即可.

因为 $f(x_1) = f(x_2)$,则只需证 $f(x_2) > f(-x_2)$ 对 $x_2 > 0$ 成立即可.

设 $h(x) = f(x) - f(-x) \ (x > 0)$,下面证明 $h(x) > 0 \ (x > 0)$ 恒成立.

因为 $h'(x) = f'(x) + f'(-x) = -xe^{-x-1} + xe^{x-1} = x(e^{x-1} - e^{-x-1})$,

当 $x > 0$ 时,$h'(x) > 0$,所以 $h(x)$ 在 $(0, +\infty)$ 上是增函数,故 $h(x) > h(0)$.

而 $h(0) = 0$,所以 $h(x) > 0 \ (x > 0)$ 恒成立.

所以 $x_1+x_2>0$ 成立.

说明：若两个变元 x_1,x_2 之间有关联，我们可以通过计算、化简，将所证明的不等式整体转化为关于 $m(x_1,x_2)$ 的表达式，$m(x_1,x_2)$ 为 x_1,x_2 组合成的表达式，进而换元，令 $m(x_1,x_2)=t$，使所要证明的不等式转化为关于 t 的表达式，再用导数进行研究. 因此，换元的本质是消元.

在关于 x_1,x_2 的双变元问题中，若无法将所要证明的不等式整体转化为关于 $m(x_1,x_2)$ 的表达式，则考虑将不等式转化为函数的单调性问题进行处理，进而实现消元的目的.

（三）对参数"a"的认识

例11（2016 全国 I 卷理 20 改编） 已知 $a>0$ 时，函数 $f(x)=(x-2)e^x+a(x-1)^2$，有两个零点 x_1,x_2.

证明：$x_1+x_2<2$.

解：由已知得 $f'(x)=(x-1)e^x+2a(x-1)=(x-1)(e^x+2a)$.

当 $a>0$ 时，那么 $e^x+2a>e^x>0$，

所以当 $x>1$ 时，$f'(x)>0$，$f(x)$ 单调递增，

当 $x<1$ 时，$f'(x)<0$，$f(x)$ 单调递减.

$a>0$ 时，函数 $f(x)=(x-2)e^x+a(x-1)^2$ 有两个零点 x_1,x_2.

不妨设 $x_1<x_2$，且 $x_1\in(-\infty,1)$，$x_2\in(1,+\infty)$，$2-x_2\in(-\infty,1)$，$f(x)$ 在 $(-\infty,1)$ 上单调递减，所以 $x_1+x_2<2$ 等价于 $f(x_1)>f(2-x_2)$，即 $f(2-x_2)<0$.

由于 $f(2-x_2)=-x_2e^{2-x_2}+a(x_2-1)^2$，而 $f(x_2)=(x_2-2)e^{x_2}+a(x_2-1)^2=0$，所以

$$f(2-x_2)=-x_2e^{2-x_2}-(x_2-2)e^{x_2}.$$

设 $g(x)=-xe^{2-x}-(x-2)e^x$，则 $g'(x)=(x-1)(e^{2-x}-e^x)$.

所以当 $x>1$ 时,$g'(x)<0$,而 $g(1)=0$,故当 $x>1$ 时,$g(x)<0$.

从而 $g(x_2)=f(2-x_2)<0$,故 $x_1+x_2<2$.

说明:自变量大小关系的证明常常与函数单调性有关,a 与 x_1,x_2 有关系,若把其中一个当成变量,则另一个也是变量,往往用二者的等式关系进行替换,以此来消元,这就是对 a 的认识.

(四)"转换参数"构造函数

例 12(2016·全国卷Ⅲ) 设函数 $f(x)=\ln x-x+1$.

(Ⅰ)讨论 $f(x)$ 的单调性;

(Ⅱ)证明当 $x\in(1,+\infty)$ 时,$1<\dfrac{x-1}{\ln x}<x$;

(Ⅲ)设 $c>1$,证明当 $x\in(0,1)$ 时,$1+(c-1)x>c^x$.

解析:(Ⅰ)$f(x)$ 的定义域为 $(0,+\infty)$,$f'(x)=\dfrac{1}{x}-1$,令 $f'(x)=0$,解得 $x=1$.

当 $0<x<1$ 时,$f'(x)>0$,$f(x)$ 单调递增;当 $x>1$ 时,$f'(x)<0$,$f(x)$ 单调递减.

(Ⅱ)由(Ⅰ)知,$f(x)$ 在 $x=1$ 处取得最大值,最大值为 $f(1)=0$. 所以当 $x\neq 1$ 时,$\ln x<x-1$.

故当 $x\in(1,+\infty)$ 时,$\ln x<x-1$,$\ln\dfrac{1}{x}<\dfrac{1}{x}-1$,即 $1<\dfrac{x-1}{\ln x}<x$.

(Ⅲ)解法一:由题设 $c>1$,设 $g(x)=1+(c-1)x-c^x$,则 $g'(x)=c-1-c^x\ln c$,

令 $g'(x)=0$,解得 $x_0=\dfrac{\ln\dfrac{c-1}{\ln c}}{\ln c}$.

当 $x<x_0$ 时,$g'(x)>0$,$g(x)$ 单调递增;当 $x>x_0$ 时,$g'(x)<0$,$g(x)$ 单调递减.

由(Ⅱ)知,$1<\dfrac{c-1}{\ln c}<c$,故 $0<x_0<1$,又 $g(0)=g(1)=0$,故当 $0<x<1$ 时,$g(x)>0$.

所以当 $x\in(0,1)$ 时,$1+(c-1)x>c^x$.

(Ⅲ)解法二:由题设 $c>1$,$x\in(0,1)$,

设 $g(c)=1+(c-1)x-c^x$,则 $g'(c)=x-xc^{x-1}=x(1-c^{x-1})>0$,

$g(c)$ 在 $(1,+\infty)$ 上单调递增,所以 $g(c)>g(1)=0$,

所以当 $x\in(0,1)$ 时,$1+(c-1)x>c^x$.

说明:所证不等式含有两个无关联的参数时,可以适当将其中一个看作变量,另外一个当作常数处理,然后构造函数解决问题.转换参数有助于简化问题,这也是解决多元不等式证明的一种解题策略.

三、放缩法

将不等式一侧适当地放大或缩小以证明题目的方法,叫作放缩法.放缩法证明不等式在历年高考数学中都有不同方式的体现,但它常考常新,值得关注.放缩法的合理运用,往往能起到事半功倍的效果.但其缺点也显而易见,放和缩的"度"很难把握,放不能过头,缩不能不及,所以要熟练地驾驭它是件不容易的事.

切线放缩

例13 已知函数 $f(x)=e^x-x^2$.

(Ⅰ)求曲线 $f(x)$ 在 $x=1$ 处的切线方程;

(Ⅱ)求证:当 $x>0$ 时,$\dfrac{e^x+(2-e)x-1}{x}\geqslant\ln x+1$.

解析:(Ⅰ)$f(x)=e^x-x^2, f'(x)=e^x-2x$,

由题设得 $f'(1)=e-2, f(1)=e-1$,所以曲线 $f(x)$ 在 $x=1$ 处的切线方程为

$$y=(e-2)(x-1)+e-1, 即 y=(e-2)x+1.$$

(Ⅱ)令 $g(x)=f'(x)$,则 $g'(x)=e^x-2$,

当 $x<\ln 2$ 时,$g'(x)<0$,当 $x>\ln 2$ 时,$g'(x)>0$,

所以函数 $g(x)=f'(x)$ 在 $(-\infty,\ln 2)$ 上单调递减,在 $(\ln 2,+\infty)$ 上单调递增,

$g(x)_{\min}=g(\ln 2)=f'(\ln 2)=2-2\ln 2>0$,

所以函数 $f(x)=e^x-x^2$ 在 $(0,+\infty)$ 上单调递增.

由于曲线 $f(x)$ 在 $x=1$ 处的切线方程为 $y=(e-2)x+1$, $f(1)=e-1$,

先证明当 $x>0$ 时,$f(x)\geqslant(e-2)x+1$.

设 $h(x)=f(x)-(e-2)x-1(x>0)$,则 $h'(x)=e^x-2x-(e-2), h''(x)=e^x-2$,

当 $x<\ln 2$ 时,$h''(x)<0$,当 $x>\ln 2$ 时,$h''(x)>0$,

所以 $h'(x)$ 在 $(0,\ln 2)$ 上单调递减,在 $(\ln 2,+\infty)$ 上单调递增.

由 $h'(0)=3-e>0, h'(1)=0, 0<\ln 2<1$,所以 $h'(\ln 2)<0$,

所以存在 $x_0\in(0,\ln 2)$,使得 $h'(x_0)=0$,

所以当 $x\in(0,x_0)\cup(1,+\infty)$ 时,$h'(x)>0$,当 $x\in(x_0,1)$ 时,$h'(x)<0$,

所以 $h(x)$ 在 $(0,x_0)$ 上单调递增,在 $(x_0,1)$ 上单调递减,在 $(1,+\infty)$ 上单调递增.

因为 $h(0)=h(1)=0$,所以 $h(x)\geqslant 0$,即 $f(x)\geqslant(e-2)x+1$,当且仅当 $x=1$ 时取等号,

所以当 $x>0$ 时,$e^x-x^2\geqslant(e-2)x+1$,变形可得 $\dfrac{e^x+(2-e)x-1}{x}\geqslant x$,

又由于 $x\geqslant\ln x+1$,当且仅当 $x=1$ 时取等号(证明略),所以 $\dfrac{e^x+(2-e)x-1}{x}\geqslant\ln x+1$,当且仅当 $x=1$ 时取等号.

说明:欲证函数不等式 $f(x)\geqslant g(x)$ $(x\in I)$,只需寻找一个函数 $h(x)$,一般考虑曲线 $y=h(x)$ 是函数 $y=f(x)$,$y=g(x)$ 的公切线,再证明 $f(x)\geqslant h(x)\geqslant g(x)$.切线放缩法值得认真探究,当所证不等式比较复杂时(不等式中有多种函数),就要注意是否运用切线进行放缩,从而解决问题.

切线的应用

例 14 已知函数 $f(x)=(x+b)(e^x-a)(b>0)$ 在 $(-1,f(-1))$ 处的切线方程为 $(e-1)x+ey+e-1=0$.

(Ⅰ)求 a,b;

(Ⅱ)若方程 $f(x)=m$ 有两个实数根 x_1,x_2,且 $x_1<x_2$,证明:$x_2-x_1\leqslant 1+\dfrac{m(1-2e)}{1-e}$.

解析:(Ⅰ)$a=b=1$;

(Ⅱ)由(Ⅰ)可知 $f(x)=(x+1)(e^x-1)$,$f(0)=0$,$f(-1)=0$,$f'(x)=(x+2)e^x-1$.

设 $f(x)$ 在 $(-1,0)$ 处的切线方程为 $h(x)$,易得 $h(x)=\left(\dfrac{1}{e}-1\right)(x+1)$,

令 $F(x)=f(x)-h(x)$,$F(x)=(x+1)(e^x-1)-\left(\dfrac{1}{e}-1\right)(x+1)$,

则 $F'(x) = (x+2)e^x - \dfrac{1}{e}$.

当 $x \leqslant -2$ 时,$F'(x) = (x+2)e^x - \dfrac{1}{e} \leqslant -\dfrac{1}{e} < 0$.

当 $x > -2$ 时,

设 $G(x) = F'(x) = (x+2)e^x - \dfrac{1}{e}$,则 $G'(x) = (x+3)e^x > 0$,

故函数 $F'(x)$ 在 $(-2, +\infty)$ 上单调递增,

又 $F'(-1) = 0$,所以当 $x \in (-\infty, -1)$ 时,$F'(x) < 0$,当 $x \in (-1, +\infty)$ 时,$F'(x) > 0$,

所以函数 $F(x)$ 在区间 $(-\infty, -1)$ 上单调递减,在区间 $(-1, +\infty)$ 上单调递增,

故 $F(x) \geqslant F(-1) = 0$,即 $f(x) \geqslant h(x)$,所以 $f(x_1) \geqslant h(x_1)$,

设 $h(x) = m$ 的根为 x_1',则 $x_1' = -1 + \dfrac{me}{1-e}$,

又函数 $h(x)$ 单调递减,故 $h(x_1') = f(x_1) \geqslant h(x_1)$,故 $x_1' \leqslant x_1$.

再者,设 $y = f(x)$ 在 $(0,0)$ 处的切线方程为 $y = t(x)$,易得 $t(x) = x$,

令 $T(x) = f(x) - t(x) = (x+1)(e^x - 1) - x$,$T'(x) = (x+2)e^x - 2$,

当 $x \leqslant -2$ 时,$T'(x) = (x+2)e^x - 2 \leqslant -2 < 0$;

当 $x > -2$ 时,令 $H(x) = T'(x) = (x+2)e^x - 2$,则 $H'(x) = (x+3)e^x > 0$,

故函数 $T'(x)$ 在 $(-2, +\infty)$ 上单调递增.

又 $T'(0) = 0$,所以当 $x \in (-\infty, 0)$ 时,$T'(x) < 0$,当 $x \in (0, +\infty)$ 时,$T'(x) > 0$,

所以函数 $T(x)$ 在区间 $(-\infty, 0)$ 上单调递减,在区间 $(0, +\infty)$ 上

单调递增,

所以 $T(x) \geqslant T(0) = 0$,即 $f(x) \geqslant t(x)$,所以 $f(x_2) \geqslant t(x_2)$.

设 $t(x) = m$ 的根为 x_2',则 $x_2' = m$,

又函数 $t(x)$ 单调递增,故 $t(x_2') = f(x_2') \geqslant t(x_2)$,故 $x_2' \geqslant x_2$,

又 $x_1' \leqslant x_1$,

所以 $x_2 - x_1 \leqslant x_2' - x_1' = 1 + \dfrac{m(1-2e)}{1-e}$.

说明:结合函数的凸凹性,应用切线放缩法证明不等式必须做到"脑中有形",结合示意图易得 $x_1' \leqslant x_1 < x_2 \leqslant x_2'$,显然 $x_2 - x_1 \leqslant x_2' - x_1'$,而 x_1', x_2' 容易求出,问题得以解决.这也体现了"以直代曲"这一数学思想.

参数放缩

例 15(2013 全国 Ⅱ 21)　已知函数 $f(x) = e^x - \ln(x+m)$.

(Ⅰ)设 $x = 0$ 是 $f(x)$ 的极值点,求 m,并讨论 $f(x)$ 的单调性;

(Ⅱ)当 $m \leqslant 2$ 时,证明 $f(x) > 0$.

解:(Ⅰ)解答略.

(Ⅱ)证明:当 $m \leqslant 2, x \in (-m, +\infty)$ 时,$\ln(x+m) \leqslant \ln(x+2)$,故只需证明当 $m = 2$ 时,$f(x) > 0$.

当 $m = 2$ 时,$f'(-1) = e^{-1} - 1 < 0, f'(0) = 1 - \dfrac{1}{2} = \dfrac{1}{2} > 0$,

又 $f'(x) = e^x - \dfrac{1}{x+2}$ 在 $(-2, +\infty)$ 上单调递增,

故 $f'(x) = 0$ 有唯一实数根 x_0,且 $x_0 \in (-1, 0)$.

当 $x \in (-2, x_0)$ 时,$f'(x) < 0$,

当 $x \in (x_0, +\infty)$ 时,$f'(x) > 0$.从而当 $x = x_0$ 时,$f(x)$ 取得最小值.

由 $f'(x_0) = 0$ 得 $e^{x_0} = \dfrac{1}{x_0+2}$,$\ln(x_0+2) = -x_0$,

故 $f(x) \geqslant f(x_0) = e^{x_0} - \ln(x_0+2) = \dfrac{1}{x_0+2} + x_0 = \dfrac{(x_0+1)^2}{x_0+2} > 0$.

综上：当 $m \leqslant 2$,$f(x) > 0$.

说明：此种题目在高考出现的频率比较高,什么时候可以对参数进行放缩？一般当函数只含有一个参数,且给出了参数的范围,这时这一组动态函数中就会有最小函数(或最大函数),所研究问题可转化为研究最小函数(或最大函数)的最值.

四、零点在不等式证明中的作用

导数的放缩

例 16(2012 年辽宁文改编) 设 $f(x) = \ln x + \sqrt{x} - 1$,证明：当 $1 < x < 3$ 时,$f(x) < \dfrac{9(x-1)}{x+5}$.

分析：令 $F(x) = f(x) - \dfrac{9(x-1)}{x+5}$,只需证 $F(x) < 0$,

而 $F(1) = 0$,我们希望 $x \in (1,3)$ 时,$F(x)$ 为减函数,我们可以朝着这个方向试一试.

证明：设 $F(x) = f(x) - \dfrac{9(x-1)}{x+5}$.

则 $F'(x) = \dfrac{1}{x} + \dfrac{1}{2\sqrt{x}} - \dfrac{54}{(x+5)^2} = \dfrac{2+\sqrt{x}}{2x} - \dfrac{54}{(x+5)^2} < \dfrac{2+\dfrac{1+x}{2}}{2x} - \dfrac{54}{(x+5)^2} = \dfrac{x+5}{4x} - \dfrac{54}{(x+5)^2} = \dfrac{(x+5)^3 - 216x}{4x(x+5)^2}$.

令 $G(x) = (x+5)^3 - 216x$ $(1 < x < 3)$,则 $x \in (1,3)$,$G'(x)$

$= 3(x+5)^2 - 216 < 0.$

故 $G(x)$ 在 $(1,3)$ 上为减函数,所以 $G(x) < G(1) = 0$.

即 $F'(x) < 0$ 在 $x \in (1,3)$ 上恒成立,故 $F(x)$ 在 $(1,3)$ 上为减函数.

所以,当 $x \in (1,3)$ 时,$f(x) < \dfrac{9(x-1)}{x+5}$.

说明:要树立边界值意识,观察零点的意识,特别是知道了函数的零点,往往会给解题带来推理的方向.其实本题还可以去分母后再构造函数.但不管怎样构造函数,看到了零点,就找到了解题方向.要培养学生关注零点,有的函数零点可以直接看出,有时需要我们去估算原有函数或导函数的零点.

隐零点的处理方法

例 17(2017 课标 II 理 21)　已知函数 $f(x) = ax^2 - ax - x\ln x$,且 $f(x) \geqslant 0$.

（I）求 a;

（II）证明:$f(x)$ 存在唯一的极大值点 x_0,且 $e^{-2} < f(x_0) < 2^{-2}$.

解析:（I）$a = 1$（解答略）.

（II）由 (1) 知 $f(x) = x^2 - x - x\ln x, f'(x) = 2x - 2 - \ln x$.

设 $h(x) = 2x - 2 - \ln x$,则 $h'(x) = 2 - \dfrac{1}{x}$.

当 $x \in \left(0, \dfrac{1}{2}\right)$ 时,$h'(x) < 0$,当 $x \in \left[\dfrac{1}{2}, +\infty\right)$ 时,$h'(x) > 0$,所以 $h(x)$ 在 $\left(0, \dfrac{1}{2}\right)$ 上单调递减,在 $\left(\dfrac{1}{2}, +\infty\right)$ 上单调递增.

又 $h(e^{-2}) > 0, h\left(\dfrac{1}{2}\right) < 0, h(1) = 0$,所以 $h(x)$ 在 $\left(0, \dfrac{1}{2}\right)$ 有唯一零

点 x_0,在 $\left[\dfrac{1}{2},+\infty\right)$ 有唯一零点 1,

且当 $x\in(0,x_0)$ 时,$h(x)>0$;当 $x\in(x_0,1)$ 时,$h(x)<0$,当 $x\in(1,+\infty)$ 时,$h(x)>0$.

因为 $f'(x)=h(x)$,所以 $x=x_0$ 是 $f(x)$ 的唯一极大值点.

由 $f'(x_0)=0$ 得 $\ln x_0=2(x_0-1)$,故 $f(x_0)=x_0(1-x_0)$.

由 $x_0\in(0,1)$ 得 $f(x_0)<\dfrac{1}{4}$.

因为 $x=x_0$ 是 $f(x)$ 在 $(0,1)$ 的最大值点,

由 $e^{-1}\in(0,1)$,$f'(e^{-1})\neq 0$ 得 $f(x_0)>f(e^{-1})=e^{-2}$.

所以 $e^{-2}<f(x_0)<2^{-2}$.

说明:本题所证明问题的实质是对函数值的一种估算,证明 $f(x_0)>e^{-2}$ 时,用到极值的定义,这也说明概念在解题中的重要性.在证明 $f(x_0)<2^{-2}$ 时,不但要用 $f'(x)=0$ 合理转化为幂函数,还与零点所在的范围有关,一般要尽量使零点所在的范围小一些.

五、高观点下的不等式证明

高考试题往往有着深刻的高等数学背景,导数试题常常与中值定理、泰勒展开、积分、凸凹性等有关.

微分中值定理(拉格朗日中值定理):如果函数 $f(x)$ 在闭区间 $[a,b]$ 上连续,在开区间 (a,b) 内可导,那么在 a 与 b 之间至少存在一点 c,使得 $f'(c)=\dfrac{f(b)-f(a)}{b-a}$ $(a<c<b)$.

n 阶局部泰勒公式:设 $y=f(x)$ 在 x_0 点的某个邻域内有定义,并且在 x_0 点有 n 阶导数,$n\geqslant 1$,则在 x_0 点附近有下列展开式:

$$f(x)=f(x_0)+\dfrac{f'(x_0)}{1!}(x-x_0)+\cdots+\dfrac{f^{(n)}(x_0)}{n!}(x-x_0)^n+$$

$o((x-x_0)^n)$.

此式称为 n 阶局部泰勒公式,函数 $y=f(x)$ 在 $x_0=0$ 点的泰勒公式称为麦克劳林公式.

函数凹凸性:一般地,对于函数 $f(x)$ 的定义域内某个区间 D 上的不同的任意两个自变量的值 x_1,x_2,

① 总有 $f\left(\dfrac{x_1+x_2}{2}\right) \geqslant \dfrac{f(x_1)+f(x_2)}{2}$(当且仅当 $x_1=x_2$ 时,取等号),则函数 $f(x)$ 在 D 上是凸函数.其几何意义:函数 $f(x)$ 的图象上的任意两点所连的线段都不落在图象的上方.$f''(x)<0$,则 $f'(x)$ 单调递减,$f(x)$ 在 D 上为凸函数.

② 总有 $f\left(\dfrac{x_1+x_2}{2}\right) \leqslant \dfrac{f(x_1)+f(x_2)}{2}$(当且仅当 $x_1=x_2$ 时,取等号),则函数 $f(x)$ 在 D 上是凹函数.其几何意义:函数 $f(x)$ 的图象上的任意两点所连的线段都不落在图象的下方.$f''(x)>0$,则 $f'(x)$ 单调递增,$f(x)$ 在 D 上为凹函数.

定积分的几何意义:

如果在区间 $[a,b]$ 上的函数 $f(x)$ 连续且恒有 $f(x) \geqslant 0$,那么定积分 $\int_a^b f(x)dx$ 表示由直线 $x=a,x=b(a \neq b),y=0$ 和曲线 $y=f(x)$ 所围成的曲边梯形的面积.

例 18 已知函数 $f(x)=x^2+\dfrac{2}{x}+a\ln x$ $(x>0)$,$f(x)$ 的导函数是 $f'(x)$.对任意两个不相等的正数 x_1,x_2,证明:当 $a \leqslant 0$ 时,$\dfrac{f(x_1)+f(x_2)}{2} > f\left(\dfrac{x_1+x_2}{2}\right)$.

证明一:由 $f(x)=x^2+\dfrac{2}{x}+a\ln x$

得 $\dfrac{f(x_1)+f(x_2)}{2} = \dfrac{1}{2}(x_1{}^2+x_2{}^2)+\left(\dfrac{1}{x_1}+\dfrac{1}{x_2}\right)+\dfrac{a}{2}(\ln x_1+\ln x_2)$

$= \dfrac{1}{2}(x_1{}^2+x_2{}^2)+\dfrac{x_1+x_2}{x_1x_2}+a\ln\sqrt{x_1x_2}$

$f\left(\dfrac{x_1+x_2}{2}\right) = \left(\dfrac{x_1+x_2}{2}\right)^2 + \dfrac{4}{x_1+x_2} + a\ln\dfrac{x_1+x_2}{2}$

而 $\dfrac{1}{2}(x_1{}^2+x_2{}^2) > \dfrac{1}{4}[(x_1{}^2+x_2{}^2)+2x_1x_2] = \left(\dfrac{x_1+x_2}{2}\right)^2$ ①

又 $(x_1+x_2)^2 = (x_1{}^2+x_2{}^2)+2x_1x_2 > 4x_1x_2$,

∴ $\dfrac{x_1+x_2}{x_1x_2} > \dfrac{4}{x_1+x_2}$ ②

∵ $\sqrt{x_1x_2} < \dfrac{x_1+x_2}{2}$ ∴ $\ln\sqrt{x_1x_2} < \ln\dfrac{x_1+x_2}{2}$

∵ $a \leqslant 0$ ∴ $a\ln\sqrt{x_1x_2} \geqslant a\ln\dfrac{x_1+x_2}{2}$ ③

由 ①②③ 得

$\dfrac{1}{2}(x_1{}^2+x_2{}^2)+\dfrac{x_1+x_2}{x_1x_2}+a\ln\sqrt{x_1x_2} > \left(\dfrac{x_1+x_2}{2}\right)^2 + \dfrac{4}{x_1+x_2} +$

$a\ln\dfrac{x_1+x_2}{2}$,

即 $\dfrac{f(x_1)+f(x_2)}{2} > f\left(\dfrac{x_1+x_2}{2}\right)$.

证明二:(Ⅰ) 由 $f(x) = x^2 + \dfrac{2}{x} + a\ln x$ $(x > 0)$

得 $f'(x) = 2x - \dfrac{2}{x^2} + \dfrac{a}{x}$;

由 $a \leqslant 0$,得 $f''(x) = 2 + \dfrac{4}{x^3} - \dfrac{a}{x^2} > 0$.

$f(x)$ 在 $(0, +\infty)$ 上为凹函数,所以对任意两个不相等的正数 x_1,

125

x_2,都有 $\dfrac{f(x_1)+f(x_2)}{2} > f\left(\dfrac{x_1+x_2}{2}\right)$.

说明:由 $\dfrac{f(x_1)+f(x_2)}{2} > f\left(\dfrac{x_1+x_2}{2}\right)$ 的结构,可以联想到函数的凸凹性.通过方法比较可以看出,根据所证的结构联想函数凸凹性,使问题变得简单了.

例19(全国二卷理21节选) 证明:当 $a\in[0,1)$ 时,函数 $g(x)=\dfrac{e^x-ax-a}{x^2}(x>0)$ 有最小值.设 $g(x)$ 的最小值为 $h(a)$,求函数 $h(a)$ 的值域.

解:联想 e^x 在 $x=0$ 处的泰勒展开式,可以证明 $e^x \geqslant 1+x+\dfrac{1}{2}x^2$.

当 $x>0$ 时,$e^x > 1+x+\dfrac{1}{2}x^2$.

$a\in[0,1)$ 时,$g(x)=\dfrac{e^x-ax-a}{x^2} > \dfrac{e^x-x-1}{x^2} > \dfrac{1}{2}$.

$g(x)=\dfrac{e^x-ax-a}{x^2} \leqslant \dfrac{e^x}{x^2}$.

设 $\varphi(x)=\dfrac{e^x}{x^2}$,借助导数可求 $\varphi(x)_{\min}=\dfrac{e^2}{4}$,所以 $h(a)\in\left(\dfrac{1}{2},\dfrac{e^2}{4}\right]$.

说明:很多问题与泰勒展开式的变形有关,比如不等式 $e^x \geqslant 1+x+\dfrac{1}{2}x^2$ 就是取自 e^x 在 $x=0$ 处的泰勒展开式的前三项,最小值的范围可以通过两边夹得到.

例20 设 $0<a<b$,$f(x)=\dfrac{1}{x}$,过 $(a,f(a))$,$(b,f(b))$ 两点的直线方程为 $y=cx+d$.

(Ⅰ)求证:当 $a\leqslant x\leqslant b$ 时,$cx+d\geqslant\dfrac{1}{x}$.

（Ⅱ）证明：$\ln(1+n) + \dfrac{n}{2(n+1)} \leqslant 1 + \dfrac{1}{2} + \dfrac{1}{3} + \cdots + \dfrac{1}{n}$.

分析：（Ⅰ）一般性证明方法：构造函数 $g(x) = cx + d - \dfrac{1}{x}, a \leqslant x \leqslant b$，只需研究 $g(x)$ 的最小值即可.

（Ⅱ）根据不等式的结构联想放缩，利用图形的几何意义进行放缩.

解：（Ⅰ）解法一：过 $(a, f(a)), (b, f(b))$ 两点的直线的斜率为 $-\dfrac{1}{ab}$，

方程为 $y - \dfrac{1}{a} = -\dfrac{1}{ab}(x-a)$，即 $y = -\dfrac{1}{ab}x + \dfrac{1}{a} + \dfrac{1}{b}$.

欲证：当 $a \leqslant x \leqslant b$ 时，$cx + d \geqslant \dfrac{1}{x}$.

即证 $-\dfrac{1}{ab}x + \dfrac{1}{a} + \dfrac{1}{b} > \dfrac{1}{x}$.

即 $-\dfrac{1}{ab}x + \dfrac{1}{a} + \dfrac{1}{b} - \dfrac{1}{x} > 0$ 对 $a \leqslant x \leqslant b$ 成立.

设 $g(x) = -\dfrac{1}{ab}x + \dfrac{1}{a} + \dfrac{1}{b} - \dfrac{1}{x}, a \leqslant x \leqslant b$，

$g'(x) = -\dfrac{1}{ab} + \dfrac{1}{x^2} = \dfrac{ab - x^2}{abx^2}$.

$x \in (a, \sqrt{ab})$ 时，$g'(x) > 0$，$g(x)$ 增区间为 $(a, \sqrt{ab})$；

$x \in (\sqrt{ab}, b)$ 时，$g'(x) < 0$，$g(x)$ 减区间为 $(\sqrt{ab}, b)$，

$g(x)_{\min} = \min\{g(a), g(b)\}$.

而 $g(a) = g(b) = 0$，故 $g(x)_{\min} = 0$.

所以 $g(x) \geqslant 0$ 在 $a \leqslant x \leqslant b$ 上恒成立，即当 $a \leqslant x \leqslant b$ 时，$cx + d \geqslant \dfrac{1}{x}$.

（Ⅰ）解法二：由 $a \leqslant x \leqslant b$ 可设 $x = \lambda a + (1-\lambda)b$ $(\lambda \in [0,1])$.

则 $cx + d = \lambda f(a) + (1-\lambda)f(b) = \dfrac{\lambda}{a} + \dfrac{1-\lambda}{b}$,

只需证 $\dfrac{\lambda}{a} + \dfrac{1-\lambda}{b} \geqslant \dfrac{1}{\lambda a + (1-\lambda)b}$,

即证 $\left(\dfrac{\lambda}{a} + \dfrac{1-\lambda}{b}\right)[\lambda a + (1-\lambda)b] \geqslant 1$.

由柯西不等式 $\left(\dfrac{\lambda}{a} + \dfrac{1-\lambda}{b}\right)[\lambda a + (1-\lambda)b] \geqslant \left(\sqrt{\dfrac{\lambda}{a}}\sqrt{\lambda a} + \sqrt{\dfrac{1-\lambda}{b}}\sqrt{(1-\lambda)b}\right)^2 = 1$,

故当 $a \leqslant x \leqslant b$ 时，$cx + d \geqslant \dfrac{1}{x}$.

（Ⅱ）一般想法：由不等式结构联想 $\ln(1+x) \leqslant x$,

$\ln(1+k) - \ln k = \ln\left(1 + \dfrac{1}{k}\right) \leqslant \dfrac{1}{k}$.

分别令 $k = 1, 2, 3 \cdots n$，累加可得

$\ln(1+n) \leqslant 1 + \dfrac{1}{2} + \dfrac{1}{3} + \cdots + \dfrac{1}{n}$，这样证明出一个比结论弱的式子，那该怎么办呢？

我们还是要将 $\ln\left(1 + \dfrac{1}{k}\right)$ 与 $\dfrac{1}{k}$ 联系起来.

由 $\displaystyle\int_k^{k+1} \dfrac{1}{x} dx < \dfrac{\dfrac{1}{k} + \dfrac{1}{k+1}}{2}$,

即 $\ln(k+1) - \ln k < \dfrac{1}{k} + \dfrac{1}{2}\left(\dfrac{1}{k+1} - \dfrac{1}{k}\right)$ 分别令 $k = 1, 2, 3 \cdots n$，累加可得

$\ln(1+n) < 1 + \dfrac{1}{2} + \dfrac{1}{3} + \cdots + \dfrac{1}{n} - \dfrac{1}{2}\left(1 - \dfrac{1}{n+1}\right)$，即

$$\ln(1+n)+\frac{n}{2(n+1)} \leqslant 1+\frac{1}{2}+\frac{1}{3}+\cdots+\frac{1}{n}.$$

说明：由不等式的结构建立 $\ln\left(1+\frac{1}{k}\right)$ 与 $\frac{1}{k}$ 的关系，利用积分的几何意义结合图形进行放缩，问题就恰到好处地解决了.

自招与竞赛中的不等式证明

一、基础知识与方法

不等式的证明方法：

比较法、分析法、反证法、综合法、公式法、放缩法、函数单调性、导数、数学归纳法、换元法等.

常用结论：

(1) $x \geqslant 0, x \geqslant \sin x; x \in R, e^x \geqslant 1+x; x>0, \ln x \leqslant x-1$ 等.

(2) 伯努利不等式：实数 $x_1, x_2, x_3 \cdots x_n$ 都大于 -1，并符号相同，则

$$(1+x_1)(1+x_2)\cdots(1+x_n) \geqslant 1+x_1+x_2+\cdots x_n.$$

特例：$(1+x)^n > 1+nx \quad (x>-1)$.

可以用数学归纳法或二项式定理进行证明.

推广：已知 $x>-1$，则在 $\alpha>1$ 或 $\alpha<0$ 时，$(1+x)^\alpha \geqslant 1+\alpha x$，在 $0 \leqslant \alpha \leqslant 1$ 时，$(1+x)^\alpha \leqslant 1+\alpha x$.

如何证明呢？下给出部分证明.

证明：已知 $x>-1$，则在 $\alpha>1$ 时，$(1+x)^\alpha \geqslant 1+\alpha x$.

证明：$f(x)=(1+x)^\alpha - 1 - \alpha x\, x>-1$,

$f'(x) = \alpha(1+x)^{\alpha-1} - \alpha = \alpha[(1+x)^{\alpha-1}-1]$.

因 $\alpha>1, x>0$ 时，$f'(x)>0, f(x)$ 增区间为 $(0, +\infty)$；

$-1<x<0$ 时，$f'(x)<0, f(x)$ 减区间为 $(-1, 0)$；

$x=0$ 时,$f(x)_{\min}=f(0)=0$.

所以 $f(x)>0$,即 $\alpha>1$ 时,$(1+x)^\alpha \geqslant 1+\alpha x$.

举例:已知 $n\in N^*, x\leqslant n$,求证:$n-n\left(1-\dfrac{x}{n}\right)^n e^x \leqslant x^2$.

分析:原不等式等价于 $n-x^2 \leqslant n\left(1-\dfrac{x}{n}\right)^n e^x$,

$n\leqslant x^2$ 时成立.

$n>x^2$ 时,$n\left(1-\dfrac{x}{n}\right)^n e^x = n\left[\left(1-\dfrac{x}{n}\right)e^{\frac{x}{n}}\right]^n \geqslant n\left[\left(1-\dfrac{x}{n}\right)\left(1+\dfrac{x}{n}\right)\right]^n$

$= n\left(1-\dfrac{x^2}{n^2}\right)^n \geqslant n\left(1-\dfrac{x^2}{n}\right) = n-x^2$,得证.

若没有想到用伯努利不等式,

也可以构造函数 $f(x)=n\left(1-\dfrac{x^2}{n^2}\right)^n - (n-x^2)$,去证明 $f(x)\geqslant 0$,从而证明 $n\left(1-\dfrac{x^2}{n^2}\right)^n \geqslant (n-x^2)$,你可以试一试.

(3) 排序不等式

设有两个有序数组 $a_1\leqslant a_2\leqslant a_3\leqslant \cdots \leqslant a_n$ 和 $b_1\leqslant b_2\leqslant b_3\leqslant \cdots \leqslant b_n$ 及 $i_1,i_2,i_3\cdots i_n$ 是 $1,2,3\cdots n$ 的任一排列,则有 $a_1b_1+a_2b_2+a_3b_3+\cdots+a_nb_n \geqslant a_1b_{i_1}+a_2b_{i_2}+a_3b_{i_3}+\cdots+a_nb_{i_n}$

$\geqslant a_1b_n+a_2b_{n-1}+a_3b_{n-2}+\cdots+a_nb_1$(当且仅当 $a_1=a_2=\cdots=a_n$ 或 $b_1=b_2=\cdots=b_n$ 取等号).

顺序和大于等于乱序和,乱序和大于等于倒序和,也就是"同序时最大,反序时最小".

可以用逐步调整法进行证明.

举例:设 $a_1,a_2\cdots a_n$ 是两两各不相同的正整数,求证:

$1+\dfrac{1}{2}+\cdots+\dfrac{1}{n} \leqslant \dfrac{a_1}{1^2}+\dfrac{a_2}{2^2}+\cdots+\dfrac{a_n}{n^2}$.

（4）琴生不等式：对于(a,b)内的凸函数$f(x)$，

有$f\left(\dfrac{x_1+x_2+\cdots+x_n}{n}\right) \leqslant \dfrac{f(x_1)+f(x_2)+\cdots+f(x_n)}{n}$.

二、典型例题

题型一：利用基本不等式证明不等式

例题1 在$\triangle ABC$中，求证：$\dfrac{1}{A^2}+\dfrac{1}{B^2}+\dfrac{1}{C^2} \geqslant \dfrac{27}{\pi^2}$.

分析：$A+B+C=\pi$，如何将A与$\dfrac{1}{A^2}$联系起来？

解：$\sqrt{\dfrac{\dfrac{1}{A^2}+\dfrac{1}{B^2}+\dfrac{1}{C^2}}{3}} \geqslant \dfrac{3}{\dfrac{1}{\frac{1}{A}}+\dfrac{1}{\frac{1}{B}}+\dfrac{1}{\frac{1}{C}}} = \dfrac{3}{A+B+C} = \dfrac{3}{\pi}$，所以$\dfrac{1}{A^2}+\dfrac{1}{B^2}+\dfrac{1}{C^2} \geqslant \dfrac{27}{\pi^2}$.

小结：基本不等式是四个式子之间的关系，要整体记忆.

例题2 设a、b、$c>0$，求证：$\dfrac{b}{a}+\dfrac{c}{b}+\dfrac{a}{c} \leqslant \left(\dfrac{a}{b}\right)^3+\left(\dfrac{b}{c}\right)^3+\left(\dfrac{c}{a}\right)^3$.

分析：如何将一次与三次联系起来？

证明：由于$\dfrac{b}{a} = \dfrac{b}{c} \cdot \dfrac{c}{a} \cdot 1$

$= \sqrt[3]{\left(\dfrac{b}{c}\right)^3 \left(\dfrac{c}{a}\right)^3 1^3} \leqslant \dfrac{\left(\dfrac{b}{c}\right)^3+\left(\dfrac{c}{a}\right)^3+1^3}{3} = \dfrac{\left(\dfrac{b}{c}\right)^3+\left(\dfrac{c}{a}\right)^3+1}{3}$,

$\dfrac{c}{b} = \dfrac{a}{b} \cdot \dfrac{c}{a} \cdot 1 = \sqrt[3]{\left(\dfrac{a}{b}\right)^3 \left(\dfrac{c}{a}\right)^3 1^3} \leqslant \dfrac{\left(\dfrac{a}{b}\right)^3+\left(\dfrac{c}{a}\right)^3+1}{3}$,

$$\frac{a}{c} = \frac{b}{c} \cdot \frac{a}{b} \cdot 1 = \sqrt[3]{\left(\frac{b}{c}\right)^3 \left(\frac{a}{b}\right)^3 1^3} \leqslant \frac{\left(\frac{b}{c}\right)^3 + \left(\frac{a}{b}\right)^3 + 1}{3},$$

又

$$1 = \frac{a}{b} \cdot \frac{b}{c} \cdot \frac{c}{a} = \sqrt[3]{\left(\frac{a}{b}\right)^3 \left(\frac{b}{c}\right)^3 \left(\frac{c}{a}\right)^3} \leqslant \frac{\left(\frac{a}{b}\right)^3 + \left(\frac{b}{c}\right)^3 + \left(\frac{c}{a}\right)^3}{3},$$

将以上四个式子相加,得 $\frac{b}{a} + \frac{c}{b} + \frac{a}{c} \leqslant \left(\frac{a}{b}\right)^3 + \left(\frac{b}{c}\right)^3 + \left(\frac{c}{a}\right)^3$.

小结:选什么公式是由不等式的结构决定的.

变式练习:设 a、b、$c > 0$,且满足 $abc = 1$,

求证:$\frac{1}{a^3(b+c)} + \frac{1}{b^3(a+c)} + \frac{1}{c^3(a+b)} \geqslant \frac{3}{2}$.

证法一:因为 $abc = 1$,所以 $\frac{1}{a^3(b+c)} = \frac{(abc)^2}{a^3(b+c)} = \frac{b^2 c^2}{a(b+c)}$.

同理 $\frac{1}{b^3(a+c)} = \frac{(abc)^2}{b^3(a+c)} = \frac{a^2 c^2}{b(a+c)}$,$\frac{1}{c^3(a+b)} = \frac{(abc)^2}{c^3(a+b)} = \frac{a^2 b^2}{c(a+b)}$,

由基本不等式 $\frac{b^2 c^2}{a(b+c)} + \frac{a(b+c)}{4} \geqslant 2\sqrt{\frac{b^2 c^2}{a(b+c)} \cdot \frac{a(b+c)}{4}} = bc$,

$\frac{a^2 c^2}{b(a+c)} + \frac{b(a+c)}{4} \geqslant 2\sqrt{\frac{a^2 c^2}{b(a+c)} \cdot \frac{b(a+c)}{4}} = ac$,

$\frac{a^2 b^2}{c(a+b)} + \frac{c(a+b)}{4} \geqslant 2\sqrt{\frac{a^2 b^2}{c(a+b)} \cdot \frac{c(a+b)}{4}} = ab$,

以上三式相加 $\frac{b^2 c^2}{a(b+c)} + \frac{a^2 c^2}{b(a+c)} + \frac{a^2 b^2}{c(a+b)} \geqslant \frac{1}{2}(ab + ac + bc)$

$\geqslant \frac{1}{2} \cdot 3\sqrt[3]{a^2 b^2 c^2} = \frac{3}{2}$,

不等式得证.

证法二：用柯西不等式进行证明

$$\frac{1}{a^3(b+c)}+\frac{1}{b^3(a+c)}+\frac{1}{c^3(a+b)}=\frac{\left(\frac{1}{a}\right)^2}{a(b+c)}+\frac{\left(\frac{1}{b}\right)^2}{b(a+c)}+\frac{\left(\frac{1}{c}\right)^2}{c(a+b)}\geqslant\frac{\left(\frac{1}{a}+\frac{1}{b}+\frac{1}{c}\right)^2}{2(ab+bc+ca)}=\frac{1}{2}(ab+bc+ca)\geqslant\frac{1}{2}\cdot 3\sqrt[3]{a^2b^2c^2}=\frac{3}{2}.$$

小结：柯西的变形公式要熟练.

题型二：利用柯西不等式证明不等式

例题3 设 $a_1,a_2\cdots a_n$ 是两两各不相同的正整数，求证：$1+\frac{1}{2}+\cdots+\frac{1}{n}\leqslant\frac{a_1}{1^2}+\frac{a_2}{2^2}+\cdots+\frac{a_n}{n^2}.$

证明：$\left(1+\frac{1}{2}+\cdots+\frac{1}{n}\right)^2=\left(\sum_{k=1}^{n}\frac{1}{k}\right)^2=\left(\sum_{k=1}^{n}\sqrt{\frac{a_k}{k^2}}\cdot\frac{1}{\sqrt{a_k}}\right)^2\leqslant\sum_{k=1}^{n}\frac{a_k}{k^2}\cdot\sum_{k=1}^{n}\frac{1}{a_k}.$

又 $a_1,a_2\cdots a_n$ 是两两各不相同的正整数，故最小的大于等于 1，最大的大于等于 n，

故 $\sum_{k=1}^{n}\frac{1}{a_k}\leqslant\sum_{k=1}^{n}\frac{1}{k}$ 成立，

所以 $\sum_{k=1}^{n}\frac{1}{k}\leqslant\sum_{k=1}^{n}\frac{a_k}{k^2}.$

所以 $1+\frac{1}{2}+\cdots+\frac{1}{n}\leqslant\frac{a_1}{1^2}+\frac{a_2}{2^2}+\cdots+\frac{a_n}{n^2}.$

小结：根据结构联想柯西不等式，根据条件对 $\sum_{k=1}^{n}\frac{1}{a_k}\leqslant\sum_{k=1}^{n}\frac{1}{k}$ 的认识很重要，实际上用排序不等式去证明更为简洁.

变式练习：设 $a_1,a_2\cdots a_n$ 为正数，且 $a_1+a_2+\cdots+a_n=1$，

则 $\left(a_1+\dfrac{1}{a_1}\right)^2+\left(a_2+\dfrac{1}{a_2}\right)^2+\cdots+\left(a_n+\dfrac{1}{a_n}\right)^2 \geqslant \dfrac{(n^2+1)^2}{n}.$

分析：$n\left[\left(a_1+\dfrac{1}{a_1}\right)^2+\left(a_2+\dfrac{1}{a_2}\right)^2+\cdots+\left(a_n+\dfrac{1}{a_n}\right)^2\right]$

$= (1^2+1^2+\cdots+1^2)\left[\left(a_1+\dfrac{1}{a_1}\right)^2+\left(a_2+\dfrac{1}{a_2}\right)^2+\cdots+\left(a_n+\dfrac{1}{a_n}\right)^2\right]$

$\geqslant (a_1+a_2+\cdots+a_n+\cdots+)^2$

$\geqslant (1+n^2)^2$

所以 $\left(a_1+\dfrac{1}{a_1}\right)^2+\left(a_2+\dfrac{1}{a_2}\right)^2+\cdots+\left(a_n+\dfrac{1}{a_n}\right)^2 \geqslant \dfrac{(n^2+1)^2}{n}.$

小结：有平方和自然联想到柯西不等式或平方平均数.

题型三：放缩法

例题 4 正数 a,b,c 满足 $a<b+c$，求证：$\dfrac{a}{1+a}<\dfrac{b}{1+b}+\dfrac{c}{1+c}.$

解：$\dfrac{a}{1+a}=\dfrac{1}{1+\dfrac{1}{a}}<\dfrac{1}{1+\dfrac{1}{b+c}}=\dfrac{b+c}{1+b+c}=\dfrac{b}{1+b+c}+\dfrac{c}{1+b+c}<\dfrac{b}{1+b}+\dfrac{c}{1+c}.$

小结：所谓放缩法，即是把要证的不等式一边适当地放大（或缩小），使之得出明显的不等量关系后，再应用不等量大小的传递性，从而使不等式得到证明的方法. 这种方法是证明不等式中的常用方法，尤其在今后学习高等数学时用处更为广泛.

变式练习：设 $0\leqslant a,b,c\leqslant 1$，证明：$\dfrac{a}{b+c+1}+\dfrac{b}{c+a+1}+\dfrac{c}{a+b+1}+(1-a)(1-b)(1-c)\leqslant 1.$

解：无序有序化，不妨给一个顺序. $0\leqslant a\leqslant b\leqslant c\leqslant 1,$

左边 $\leqslant \dfrac{a}{a+b+1} + \dfrac{b}{a+b+1} + \dfrac{c}{a+b+1} + (1-a)(1-b)(1-c)$

$= 1 + \dfrac{1-c}{a+b+1}[-1+(1-a)(1-b)(1+a+b)]$

$\leqslant 1 + \dfrac{1-c}{a+b+1}\left[-1 + \left(\dfrac{(1-a)+(1-b)+(1+a+b)}{3}\right)^3\right]$

$= 1 + \dfrac{1-c}{a+b+1}[-1+1] = 1.$

小结:利用重要公式、放缩等从不等式较为复杂的一边推导另一边.

例题 5 求证:$\dfrac{1}{2} \cdot \dfrac{3}{4} \cdot \dfrac{5}{6} \cdot \cdots \cdot \dfrac{99}{100} < \dfrac{1}{10}.$

思路一:$\dfrac{2n-1}{2n} = \dfrac{2n-1}{\dfrac{2n-1+2n+1}{2}} < \dfrac{2n-1}{\sqrt{2n-1}\sqrt{2n+1}}$

$= \dfrac{\sqrt{2n-1}}{\sqrt{2n+1}}.$

思路二:$\left(\dfrac{2n-1}{2n}\right)^2 = \dfrac{(2n-1)^2}{(2n)^2} < \dfrac{(2n-1)^2}{(2n)^2-1} = \dfrac{2n-1}{2n+1}.$

思路三:$\dfrac{1}{2} < \dfrac{2}{3}, \dfrac{3}{4} < \dfrac{4}{5} \cdots \dfrac{99}{100} < \dfrac{100}{101}.$

$\left(\dfrac{1}{2} \cdot \dfrac{3}{4} \cdot \dfrac{5}{6} \cdot \cdots \cdot \dfrac{99}{100}\right)^2 < \dfrac{1}{2} \cdot \dfrac{2}{3} \cdot \dfrac{3}{4} \cdots \dfrac{99}{100} \cdot \dfrac{100}{101} = \dfrac{1}{101} < \dfrac{1}{100}.$

按以上思路,请独立完成解答.

变式练习 1:求证:$1 + \dfrac{1}{\sqrt{2^3}} + \dfrac{1}{\sqrt{3^3}} + \cdots + \dfrac{1}{\sqrt{n^3}} < 3.$

思路一:$\dfrac{1}{\sqrt{n^3}} < \dfrac{1}{\sqrt{(n-1)n(n+1)}} = \dfrac{1}{\sqrt{n}}\left(\dfrac{1}{\sqrt{n-1}} - \dfrac{1}{\sqrt{n+1}}\right)$

$\dfrac{1}{\sqrt{n+1} - \sqrt{n-1}}$

$$= \frac{\sqrt{n+1}+\sqrt{n-1}}{2\sqrt{n}}\left(\frac{1}{\sqrt{n-1}}-\frac{1}{\sqrt{n+1}}\right)$$

$$< \frac{2\sqrt{\frac{n+1+n-1}{2}}}{2\sqrt{n}}\left(\frac{1}{\sqrt{n-1}}-\frac{1}{\sqrt{n+1}}\right)$$

$$= \frac{1}{\sqrt{n-1}}-\frac{1}{\sqrt{n+1}}.$$

思路二：$2n = n+n > \sqrt{n(n-1)}+\sqrt{(n-1)^2}$,

$$\frac{1}{2n} < \frac{1}{\sqrt{n-1}(\sqrt{n}+\sqrt{n-1})} = \frac{\sqrt{n}-\sqrt{n-1}}{\sqrt{n-1}},$$

$$\frac{1}{2n\sqrt{n}} < \frac{\sqrt{n}-\sqrt{n-1}}{\sqrt{n}\sqrt{n-1}} = \frac{1}{\sqrt{n-1}}-\frac{1}{\sqrt{n}}.$$

变式练习 2：下列正确的不等式是　　　　　　　　　　（　　）

A. $16 < \sum\limits_{k=1}^{120}\frac{1}{\sqrt{k}} < 17$

B. $18 < \sum\limits_{k=1}^{120}\frac{1}{\sqrt{k}} < 19$

C. $20 < \sum\limits_{k=1}^{120}\frac{1}{\sqrt{k}} < 21$

D. $22 < \sum\limits_{k=1}^{120}\frac{1}{\sqrt{k}} < 23$

提示：

$$2(\sqrt{k+1}-\sqrt{k}) = \frac{2}{\sqrt{k+1}+\sqrt{k}} < \frac{1}{\sqrt{k}} = \frac{2}{2\sqrt{k}} < \frac{2}{\sqrt{k}+\sqrt{k-1}} = 2(\sqrt{k}-\sqrt{k-1}).$$

例题 6　$a_1, a_2 \cdots a_n$ 是各不相同的正整数，$a \geqslant 2$，

求证：$\left(\dfrac{1}{a_1}\right)^a + \left(\dfrac{1}{a_2}\right)^a + \left(\dfrac{1}{a_3}\right)^a \cdots + \left(\dfrac{1}{a_n}\right)^a < 2.$

极端原理：考虑左端最大情况.

证明：左 $\leqslant \left(\dfrac{1}{1}\right)^a + \left(\dfrac{1}{2}\right)^a + \cdots + \left(\dfrac{1}{n}\right)^a$

$\leqslant \left(\dfrac{1}{1}\right)^2 + \left(\dfrac{1}{2}\right)^2 + \cdots + \left(\dfrac{1}{n}\right)^2$

$< 1 + \dfrac{1}{1\times 2} + \dfrac{1}{2\times 3} + \cdots + \dfrac{1}{(n-1)n}$

$= 1 + \left(1 - \dfrac{1}{2}\right) + \left(\dfrac{1}{2} - \dfrac{1}{3}\right) + \cdots + \left(\dfrac{1}{n-1} - \dfrac{1}{n}\right)$

$= 2 - \dfrac{1}{n} < 2.$

例题7 有小于1的正数：$x_1, x_2, x_3 \cdots x_n$，且 $x_1 + x_2 + x_3 + \cdots + x_n = 1.$

求证：$\dfrac{1}{x_1 - x_1{}^3} + \dfrac{1}{x_2 - x_2{}^3} + \cdots + \dfrac{1}{x_n - x_n{}^3} > 4.$

解析：4是怎么放缩出来的？一定是 n 个数的和，自然想到 $x_1 + x_2 + \cdots + x_n = 1.$

猜想 $\dfrac{1}{x_i - x_i{}^3} \geqslant 4x_i \Leftrightarrow (2x_i{}^2 - 1)^2 \geqslant 0$ 当 $x_i = \dfrac{\sqrt{2}}{2}$ 取等号.

不可能所有的 x_i 均取 $\dfrac{\sqrt{2}}{2}$ ($x_1 + x_2 + \cdots + x_n = 1$)，

故所证不等式成立.

题型四：反证法

例题8 已知正数数列 $a_1, a_2 \cdots a_n$ 对大于1的 n，有 $a_1 + a_2 + \cdots + a_n = \dfrac{3}{2}n$，$a_1 a_2 \cdots a_n = \dfrac{n+1}{2}$，试证：$a_1, a_2 \cdots a_n$ 中至少有一个小于1.

证明:若结论不成立,则对任意 $i=1,2\cdots n$ 有 $a_i \geqslant 1$.

设 $a_i = 1+b_i$,则 $b_i \geqslant 0$ 且 $b_1+b_2+\cdots+b_n = \dfrac{n}{2}$.

$(b_1+1)(b_2+1)\cdots(b_n+1) = \dfrac{n+1}{2}$

而 $(b_1+1)(b_2+1)\cdots(b_n+1) = 1+(b_1+b_2+\cdots+b_n)+\cdots$

$> 1+\dfrac{n}{2} = \dfrac{n+2}{2} > \dfrac{n+1}{2}$,矛盾.

故假设不成立,所以 $a_1,a_2\cdots a_n$ 中至少有一个小于 1.

题型五:三角形中的不等式证明

例题 9 已知 a,b,c 是 $\triangle ABC$ 三条边的长.

(Ⅰ)证明:存在三个正实数 x,y,z,使 $a=x+y, b=y+z, c=z+x$;

(Ⅱ)证明:$\dfrac{3}{2} \leqslant \dfrac{a}{b+c}+\dfrac{b}{c+a}+\dfrac{c}{a+b} < 2$.

证明:(Ⅰ)证明略

(Ⅱ) $\dfrac{a}{b+c}+\dfrac{b}{c+a}+\dfrac{c}{a+b} = \dfrac{x+y}{x+y+2z}+\dfrac{y+z}{2x+y+z}+\dfrac{z+x}{x+2y+z} < \dfrac{x+y}{x+y+z}+\dfrac{y+z}{x+y+z}+\dfrac{z+x}{x+y+z} = 2.$

又 $\dfrac{a}{b+c}+\dfrac{b}{c+a}+\dfrac{c}{a+b} = \dfrac{a+b+c}{b+c}+\dfrac{a+b+c}{c+a}+\dfrac{a+b+c}{a+b}-3$

$= (a+b+c)\left(\dfrac{1}{a+b}+\dfrac{1}{b+c}+\dfrac{1}{c+a}\right)-3$

$= \dfrac{1}{2}[(a+b)+(b+c)+(c+a)]\left(\dfrac{1}{a+b}+\dfrac{1}{b+c}+\dfrac{1}{c+a}\right)-3$

$\geqslant \dfrac{9}{2}-3 = \dfrac{3}{2}$.

变式练习 1:设三个正数 a,b,c 满足 $(a^2+b^2+c^2)^2 > 2(a^4+b^4+$

c^4).

求证:a,b,c 一定是某个三角形边长(Ⅱ).

分析:需要证出任意两数之和大于第三个数,既要证明出 $a+b>c,a+c>b,b+c>a$,而此三个式子与已知不等式有一定关系,怎样联系起来呢?

可否转化为$(a+b+c)(a+b-c)(a+c-b)(b+c-a)>0$.

若$\begin{cases}a+b-c<0\\a+c-b<0\end{cases}$,则即 $a<0$,矛盾.

$(a+b+c)(a+b-c)(a+c-b)(b+c-a)>0 \Leftrightarrow$

$[a^2-(b+c)^2][a^2-(b-c)^2]<0 \Leftrightarrow a^4+(b^2-c^2)^2-a^2[(b+c)^2+(b-c)^2]<0 \Leftrightarrow$

$a^4+b^4+c^4-2a^2b^2-2a^2c^2-2b^2c^2<0 \Leftrightarrow a^4+b^4+c^4<2a^2b^2+2a^2c^2+2b^2c^2 \Leftrightarrow$

$2(a^4+b^4+c^4)<(a^2+b^2+c^2)^2$.

变式练习2:a,b,c 是三角形的边长,求证:$a^2b(a-b)+b^2c(b-c)+c^2a(c-a)\geqslant 0$.

如何利用 a,b,c 为三角形的三边之长,可以设$\begin{cases}a=x+y\\b=x+z\\c=y+z\end{cases}$

不等式转化为$(x+y)^2(y+z)(x-z)+(y+z)^2(z+x)(y-x)+(z+x)^2(x+y)(z-y)\geqslant 0$

$\Leftrightarrow xy^3+yz^3+zx^3-xyz(x+y+z)\geqslant 0$

$\Leftrightarrow xyz[\dfrac{y^2}{z}+\dfrac{z^2}{x}+\dfrac{x^2}{y}-(x+y+z)]\geqslant 0$

$\Leftrightarrow \dfrac{y^2}{z}+\dfrac{z^2}{x}+\dfrac{x^2}{y}\geqslant x+y+z,$

由 $\frac{y^2}{z}+z\geqslant 2y$；$\frac{z^2}{x}+x\geqslant 2z$；$\frac{x^2}{y}+y\geqslant 2x$ 此三式子相加即可证出．

例题 10 $x>0,y>0,a=x+y,b=\sqrt{x^2+xy+y^2},c=m\sqrt{xy}$．

问：是否存在正数 m，使得对于任意正数 x,y 可使 a,b,c 为三边构成三角形？

若存在求出 m 的值，若不存在，请说明理由．

分析：显见 $a>b$，若 a,b,c 可构成三角形

$$\Leftrightarrow \begin{cases} x+y+\sqrt{x^2+xy+y^2} > m\sqrt{xy} \\ \sqrt{x^2+xy+y^2}+m\sqrt{xy} > x+y \end{cases}$$

$$\Leftrightarrow \begin{cases} m < \dfrac{x+y+\sqrt{x^2+xy+y^2}}{\sqrt{xy}} \\ m > \dfrac{x+y-\sqrt{x^2+xy+y^2}}{\sqrt{xy}} \end{cases}$$

$$\frac{x+y+\sqrt{x^2+xy+y^2}}{\sqrt{xy}} \geqslant \frac{2\sqrt{xy}+\sqrt{3xy}}{\sqrt{xy}} = 2+\sqrt{3},$$

$$\frac{x+y-\sqrt{x^2+xy+y^2}}{\sqrt{xy}} = \frac{(x+y)^2-(x^2+xy+y^2)}{\sqrt{xy}(x+y+\sqrt{x^2+xy+y^2})}$$

$$= \frac{\sqrt{xy}}{x+y+\sqrt{x^2+xy+y^2}} \leqslant \frac{\sqrt{xy}}{2\sqrt{xy}+\sqrt{3xy}} = 2-\sqrt{3}.$$

所以 $2-\sqrt{3} < m < 2+\sqrt{3}$．

题型六：利用单调性证明不等式

例题 11 $n\in N^*, n\geqslant 3$，求证：$n^{n+1}>(n+1)^n$．

方法一：设 $f(n)=\dfrac{n^{n+1}}{(n+1)^n}$，则 $\dfrac{f(n+1)}{f(n)}=\left[\dfrac{(n+1)^2}{n(n+2)}\right]^{n+1}=$

$\left(\dfrac{n^2+2n+1}{n^2+2n}\right)^{n+1} > 1$,

故 $f(n+1) > f(n)$,又 $f(3) = \dfrac{81}{64} > 1$,所以 $f(n) > f(n-1) > \cdots > f(3) > 1$,

所以 $f(n) = \dfrac{n^{n+1}}{(n+1)^n} > 1$,即 $n^{n+1} > (n+1)^n$.

方法二:$n^{n+1} > (n+1)^n \Leftrightarrow (n+1)\ln n > n\ln(n+1) \Leftrightarrow \dfrac{\ln n}{n} > \dfrac{\ln(n+1)}{n+1}$.

设函数 $f(x) = \dfrac{\ln x}{x}$ ($x \geqslant 3$),$f'(x) = \dfrac{1-\ln x}{x^2} < 0$,$f(x)$ 在 $[3, +\infty)$ 减函数.

又 $n+1 > n$,故 $f(n+1) < f(n)$,即 $n^{n+1} > (n+1)^n$.

题型七:数学归纳法证明不等式

例题 12 已知 $x+y=1$,n 为正整数,求证:$x^{2n}+y^{2n} \geqslant 2^{1-2n}$.

数学归纳法:当 $n=1$ 时,$\sqrt{\dfrac{x^2+y^2}{2}} \geqslant \dfrac{x+y}{2} = \dfrac{1}{2}$,

所以 $x^2+y^2 \leqslant \dfrac{1}{2} = 2^{1-2}$,不等式成立.

假设 $n=k$ 时成立,$x^{2k}+y^{2k} \geqslant 2^{1-2k}$.

当 $n=k+1$ 时,$2(x^{2k+2}+y^{2k+2}) > x^{2k+2}+y^{2k+2}+x^{2k}y^2+y^{2k}x^2$

$= (x^{2k}+y^{2k})(x^2+y^2) \geqslant \dfrac{1}{2} \times 2^{1-2k}$.

$x^{2k+2}+y^{2k+2} \geqslant 2^{-1-2k} = 2^{1-2(k+1)}$,即 $n=k+1$ 命题也成立.

小结:也可以用琴生不等式来证明,设 $f(x) = x^{2n}$,$f''(x) = 2n(2n-1)x^{2n-2} > 0$,$f(x)$ 下凸,$\dfrac{x^{2k}+y^{2k}}{2} = \dfrac{f(x)+f(y)}{2} \geqslant f\left(\dfrac{x+y}{2}\right) = \left(\dfrac{1}{2}\right)^{2n}$.

题型八：排序原理

例题 13 设 $\triangle ABC$ 的三内角 A、B、C 所对的边分别为 a、b、c，其周长为 1．

求证：$\dfrac{1}{A}+\dfrac{1}{B}+\dfrac{1}{C} \geqslant 3\left(\dfrac{a}{A}+\dfrac{b}{B}+\dfrac{c}{C}\right)$．

分析：由问题的对称性，不妨设 $a \geqslant b \geqslant c$，三角形中大边对大角，于是有 $A \geqslant B \geqslant C \Rightarrow \dfrac{1}{C} \geqslant \dfrac{1}{B} \geqslant \dfrac{1}{A}$．这样既不改变问题的实质，又增加了已知条件：两组有序实数 $a \geqslant b \geqslant c$ 及 $\dfrac{1}{C} \geqslant \dfrac{1}{B} \geqslant \dfrac{1}{A}$．这就为应用排序原理创设了基础．

证法一：用排序原理．不妨设 $a \geqslant b \geqslant c$，于是有 $A \geqslant B \geqslant C \Rightarrow \dfrac{1}{C} \geqslant \dfrac{1}{B} \geqslant \dfrac{1}{A}$．由排序不等式 $a \cdot \dfrac{1}{C} + c \cdot \dfrac{1}{A} \geqslant a \cdot \dfrac{1}{A} + c \cdot \dfrac{1}{C}$（同序和大于或等于反序和），也就是 $\dfrac{a}{C}+\dfrac{c}{A} \geqslant \dfrac{a}{A}+\dfrac{c}{C}$，同理 $\dfrac{b}{C}+\dfrac{c}{B} \geqslant \dfrac{b}{B}+\dfrac{c}{C}$，$\dfrac{a}{B}+\dfrac{b}{A} \geqslant \dfrac{a}{A}+\dfrac{b}{B}$，相加得 $\dfrac{a+b}{C}+\dfrac{a+c}{B}+\dfrac{b+c}{A} \geqslant \dfrac{2a}{A}+\dfrac{2b}{B}+\dfrac{2c}{C}$，不等式两边同加 $\dfrac{a}{A}+\dfrac{b}{B}+\dfrac{c}{C}$，并注意到 $a+b+c=1$，就得 $\dfrac{1}{A}+\dfrac{1}{B}+\dfrac{1}{C} \geqslant 3\left(\dfrac{a}{A}+\dfrac{b}{B}+\dfrac{c}{C}\right)$

证法二：比较法

$$\left(\dfrac{1}{A}+\dfrac{1}{B}+\dfrac{1}{C}\right)-3\left(\dfrac{a}{A}+\dfrac{b}{B}+\dfrac{c}{C}\right)$$

$$=\dfrac{b+c-2a}{A}+\dfrac{a+c-2b}{B}+\dfrac{a+b-2c}{C}$$

$$=\dfrac{(b-a)+(c-a)}{A}+\dfrac{(a-b)+(c-b)}{B}+\dfrac{(a-c)+(b-c)}{C}$$

$$=\left(\dfrac{b-a}{A}+\dfrac{a-b}{B}\right)+\left(\dfrac{c-a}{A}+\dfrac{a-c}{C}\right)+\left(\dfrac{c-b}{B}+\dfrac{b-c}{C}\right)$$

$$= \frac{(a-b)(A-B)}{AB} + \frac{(a-c)(A-C)}{AC} + \frac{(b-c)(B-C)}{BC} \geqslant 0,$$

因此 $\frac{1}{A} + \frac{1}{B} + \frac{1}{C} \geqslant 3\left(\frac{a}{A} + \frac{b}{B} + \frac{c}{C}\right)$.

小结：利用排序原理证明其他不等式时，必须制造出两个合适的有序数组.

第五章　为你痴迷——专业研究之路

苏霍姆林斯基说:"教师的知识越深湛,视野越宽广,各方面的学科知识越宽厚,他就在更大程度上不仅是一名教师,而是一名受欢迎的教育工作者."

学生永远喜欢和敬佩有能力、业务强的老师,教师应精通所教学科,了解本学科的历史和发展情况,以及较为前沿的研究成果,甚至学科与未来职业的关系.作为一名数学教师,只有专业功底深厚,驾轻就熟,才能征服学生,并且能最大限度地激发学生对学习数学的兴趣,做一名学者型教师.

教师必须以积极的态度对待知识,对待改革,不断追求,提升自己的教育教学能力,为成为受学生欢迎和尊重的教师打下基础.因为研究,所以幸福.

用导数求解含参数函数的单调区间的通法与特法

分类讨论思想是一种重要的数学思想，也是一种逻辑方法．通过恰当的分类讨论，可以使复杂的问题得到清晰、完整、严谨的解答．本文首先介绍了分类讨论思想，分类讨论的原则与步骤，以实例重点讲述了分类讨论思想在求解函数单调区间中的具体应用与操作方法，提出了整体考虑分类讨论的分界点的确定方法，此法使分类清晰、快捷，有利于学生的掌握和实践．最后又找到了简化讨论的特殊办法，并推广成为有价值的一般性策略．

分类讨论思想是数学思想方法中最基本、最常见的一种思想方法，分类讨论是解决问题的一种逻辑方法，也是一种数学思想，这种思想对简化研究对象、发展人的思维有着重要帮助．分类讨论的思想方法不仅具有明显的逻辑性，而且所涉及的问题覆盖的知识点多、综合性强，有利于考查学生思维的广阔性、深刻性．因此，有关分类讨论的数学命题在高考试题中占有重要位置．

分类讨论是初等数学一种重要的数学思想，它是我们必须具备的数学素养，其思维过程是对事物经过分类，将事物区分为一定从属关系的不同等级，从而使知识更加具有层次性和系统化，任何事物都有异同点，按照事物的共性，把事物归为较大的类，再根据差异性把事物划分为较小的类，为事物的认识和再认识创造条件．在解决综合问题或复杂问题时，可将所研究对象的集合按照一定的标准，划分为若干个部分去分析研究，再把分析研究的结果综合起来，从而使问题得以解决.

解答分类讨论问题时的原则与步骤是:首先要确定讨论对象以及所讨论对象的全体的范围;其次确定分类标准,合理分类.即标准统一、不重不漏、分类互斥(没有重复);再对所分类逐步进行讨论,分级进行,获取阶段性结果;最后进行归纳小结,综合得出结论.

引起分类讨论的因素很多,在讨论函数的单调性时,我们常常研究一些含参数的动态函数,参数的取值不同就会导致所得的结果不同. 所以这类问题是典型的分类讨论问题,也是最具有代表性的问题,更是高考考查的重点,我们有必要认真研究一下,找到解决问题的通法,解决学生的困惑,提高我们的教学效率. 下面笔者将结合自己的教学经验,谈一谈用导数求解含参数函数单调区间的通法与特法.

数学教学必须在数学知识的教学和解题活动中突出数学思想方法. 进行知识的教学必须要遵循一定的原则,数学思想方法是数学知识的重要范畴,进行数学思想方法的教学,也应符合一般的教学原则,更应该遵循由浅入深的原则,不失一般性. 可以从导数的最简单情况开始探讨.

例1 $f(x) = ax + (2-a)\ln x$ $(a \in R)$,求 $f(x)$ 的单调区间.

分析:$f(x)$ 的定义域 $(0, +\infty)$,$f'(x) = a + \dfrac{2-a}{x} = \dfrac{ax+2-a}{x}(a \in R)$.

导数的正负取决于分子,只研究 $g(x) = ax + 2 - a(a \in R)$ 的正负即可,我们称导数相当于一次型函数,令 $f'(x) > 0$,不就直接可以求出函数的单调增区间了吗?而要解不等式 $ax + 2 - a > 0$,还需考虑

147

参数 a 的正负,以及解集与定义域 $(0,+\infty)$ 的关系,可以分类研究,但比较复杂.研究 $g(x)$ 的正负还有什么角度?确定 $g(x) = ax + 2 - a(a \in R)$ 的图象就是一种角度,图象一旦确定,导数的正负就随之确定了.影响图象的因素是分类讨论的分界点确定的依据.对于一条直线我们当然要考虑它斜率的正负,以及它有零点时,零点是否在定义域内.

如何倾斜:a 应该从 0 断开.

$f'(x) = 0$ 的根是否在定义域内:$\dfrac{a-2}{a} - 0 = \dfrac{a-2}{a}$(考虑 $\dfrac{a-2}{a}$ 的正负),a 应该从 0、2 断开.

综上,a 应该从 0、2 断开进行讨论,可以分成:$a < 0$;$a = 0$;$0 < a < 2$;$a = 2$;$a > 2$ 五类进行研究.当熟练到一定程度,再考虑 $a = 0$ 与 $a = 2$ 是否可以与其他类合并.这样就在解题之前整体确定了分类的情况,这样的分类真正做到了不重不漏.解答时结合前面的分析,每一类导数的正负都可以用一次型函数的图象表示出来,答案一目了然,只要规范书写就可以了.

规范解答:$f(x)$ 的定义域 $(0,+\infty)$,$f'(x) = a + \dfrac{2-a}{x} = \dfrac{ax+2-a}{x}(a \in R)$.

① 当 $a < 0$ 时,令 $f'(x) > 0$,得 $0 < x < \dfrac{a-2}{a}$,所以 $f(x)$ 的增区间为 $\left(0, \dfrac{a-2}{a}\right)$.

令 $f'(x) < 0$,得 $x > \dfrac{a-2}{a}$,所以 $f(x)$ 的减区间为 $\left(\dfrac{a-2}{a}, +\infty\right)$.

② 当 $0 \leqslant a \leqslant 2$ 时，$f'(x) > 0$ 在 $(0, +\infty)$ 上恒成立，所以 $f(x)$ 的增区间为 $(0, +\infty)$.

令 $f'(x) < 0$，得 $0 < x < \dfrac{a-2}{a}$，所以 $f(x)$ 的减区间为 $\left(0, \dfrac{a-2}{a}\right)$.

综上：$a < 0$ 时，$f(x)$ 的增区间为 $\left(0, \dfrac{a-2}{a}\right)$，减区间为 $\left(\dfrac{a-2}{a}, +\infty\right)$.

$0 \leqslant a \leqslant 2$ 时，$f(x)$ 的增区间为 $(0, +\infty)$.

$a > 2$ 时，$f(x)$ 的增区间为 $\left(\dfrac{a-2}{a}, +\infty\right)$，减区间为 $\left(0, \dfrac{a-2}{a}\right)$.

小结：对于导数相当于一次型函数，考虑一次型函数图象如何倾斜，再结合 $f'(x) = 0$ 的根是否在定义域内，进行分类讨论. 当研究问题中含有变化不定的动态因素，不能用同一种方法解决或同一种形式叙述时，就要对问题分类讨论. 分类解答问题之后，还需把它们整合在一起，有分有合，先分后合，这是分类与整合思想的本质属性.

《考试说明》强调，对数学思想和方法的考查要与数学知识的考查结合进行，通过数学知识的考查，反映考生对数学思想和方法理解和掌握的程度. 考查时，要从学科整体意识和思想含义上立意，注意通性通法，淡化特殊技巧. 所以我们在教学中要探索突出数学本质的一般方法.

例 2 $f(x) = a\ln x + \dfrac{1-a}{2}x^2 - x (a \in R)$，求函数 $f(x)$ 的单调增区间.

分析：$f(x)$ 的定义域 $(0, +\infty)$，$f'(x) = \dfrac{a}{x} + (1-a)x - 1 =$

$\dfrac{(x-1)[(1-a)x-a]}{x}$. 导数的正负取决于分子,只研究 $g(x)=(x-1)[(1-a)x-a]$ 的正负即可,我们称导数相当于二次分解型函数,可以考虑确定 $g(x)=(x-1)[(1-a)x-a]$ 的图象,影响图象的因素有开口方向、两根的大小关系以及每个根是否在定义域内.

开口:a 应该从"1"断开.

根大小:$\dfrac{a}{1-a}-1=\dfrac{2a-1}{1-a}$,$a$ 应该从"$\dfrac{1}{2}$""1"断开.

根是否在定义域内:$\dfrac{a}{1-a}-0=\dfrac{a}{1-a}$,$a$ 应该从"0""1"断开.

综上,a 应该从 0、$\dfrac{1}{2}$、1 断开,应分成 $a<0$; $a=0$; $0<a<\dfrac{1}{2}$; $a=\dfrac{1}{2}$; $\dfrac{1}{2}<a<1$; $a=1$; $a>1$ 七类进行研究.每一类再回看上面的分析,就会快速得出答案.

解:$f(x)$ 的定义域 $(0,+\infty)$,$f'(x)=\dfrac{a}{x}+(1-a)x-1=\dfrac{(x-1)[(1-a)x-a]}{x}$.

① 当 $a<0$ 时,令 $f'(x)>0$,得 $x>1$,$f(x)$ 的增区间为 $(1,+\infty)$.

② 当 $a=0$ 时,令 $f'(x)>0$,得 $x>1$,$f(x)$ 的增区间为 $(1,+\infty)$.

③ 当 $0<a<\dfrac{1}{2}$ 时,令 $f'(x)>0$,得 $0<x<\dfrac{a}{1-a}$ 或 $x>1$,$f(x)$ 的增区间为 $\left(0,\dfrac{a}{1-a}\right)$,$(1,+\infty)$.

④ 当 $a=\dfrac{1}{2}$ 时,$f'(x)\geqslant 0$ 在 $(0,+\infty)$ 上恒成立,所以 $f(x)$ 的增

区间为$(0,+\infty)$.

⑤当$\frac{1}{2}<a<1$时,令$f'(x)>0$,得$0<x<1$或$x>\frac{a}{1-a}$,$f(x)$的增区间为$(0,1)$,$\left(\frac{a}{1-a},+\infty\right)$.

⑥当$a=1$时,令$f'(x)>0$,得$0<x<1$,$f(x)$的增区间为$(0,1)$.

⑦当$a>1$时,令$f'(x)>0$,得$0<x<1$,$f(x)$的增区间为$(0,1)$.

综上:$a\leqslant 0$时,$f(x)$的增区间为$(1,+\infty)$;

$0<a<\frac{1}{2}$时,$f(x)$的增区间为$\left(0,\frac{a}{1-a}\right)$,$(1,+\infty)$;

$a=\frac{1}{2}$时,$f(x)$的增区间为$(0,+\infty)$;

$\frac{1}{2}<a<1$时,$f(x)$的增区间为$(0,1)$,$\left(\frac{a}{1-a},+\infty\right)$;

$a\geqslant 1$时,$f(x)$的增区间为$(0,1)$.

小结:导数相当于二次能分解型,分类的分界点确定的依据是:开口方向、根的大小以及根是否在定义域内.在分类讨论数学思想方法的学习中,学生的突出问题表现在分类讨论存在盲目性,不清楚怎样分类以及分类的合理性之所在,更谈不上如何简化分类讨论.分类讨论问题的关键是解决好分类的合理性,而分类的合理性在很大程度上取决于分类的标准,即"分界点"的确定,学生往往就是因为不能准确地确立"分界点",而盲目地使用分类讨论法,导致出现求解的失误.

分界点如何确定?这是分类讨论问题的难点.我们找到了一种整体把握的办法,是一种人人都可操作的办法.与例1相呼应,既体现通性通法,又可以培养学生的类比推理能力.

例3 已知函数 $f(x)=a\left(x-\dfrac{1}{x}\right)-2\ln x\ (a\in \mathrm{R})$. 求函数 $f(x)$ 的单调区间.

分析: 函数 $f(x)$ 的定义域为 $(0,+\infty)$.

$$f'(x)=a\left(1+\dfrac{1}{x^2}\right)-\dfrac{2}{x}=\dfrac{ax^2-2x+a}{x^2}, 令\ h(x)=ax^2-2x+a.$$

导数相当于二次不能分解型, 如何确定 $h(x)$ 图象? 当然要考虑开口方向与判别式的正负, 当判别式大于零时, 还要考虑根的大小及根是否在定义域内.

开口: 应从 0 断开.

判别式 $\Delta=4-4a^2$ 的正负: 应从 $-1,1$ 断开, 这样应分成: $a\leqslant-1$; $-1<a<0$; $a=0$; $0<a<1$; $a\geqslant 1$ 五类进行研究. 注意为什么 $a\leqslant-1$ 与 $a\geqslant 1$ 看作一类.

解: 函数 $f(x)$ 的定义域为 $(0,+\infty)$.

$$f'(x)=a\left(1+\dfrac{1}{x^2}\right)-\dfrac{2}{x}=\dfrac{ax^2-2x+a}{x^2}, ax^2-2x+a=0\ 的\ \Delta=4-4a^2.$$

① 当 $a\leqslant-1$ 时, $\Delta\leqslant 0$, $f'(x)\leqslant 0$ 在 $(0,+\infty)$ 上恒成立, 所以 $f(x)$ 的减区间为 $(0,+\infty)$.

② 当 $-1<a<0$ 时, $\Delta>0$, $ax^2-2x+a=0$ 的两根 $x_{1,2}=\dfrac{1\pm\sqrt{1-a^2}}{a}<0$,

$f'(x)\leqslant 0$ 在 $(0,+\infty)$ 上恒成立, 所以 $f(x)$ 的减区间为 $(0,+\infty)$.

③ 当 $a=0$ 时, $f'(x)=-2x<0$ 在 $(0,+\infty)$ 上恒成立, 所以 $f(x)$ 的减区间为 $(0,+\infty)$.

④ 当 $0<a<1$ 时,由 $f'(x)>0$ 得 $0<x<\dfrac{1-\sqrt{1-a^2}}{a}$,或 $x>\dfrac{1+\sqrt{1-a^2}}{a}$;

由 $f'(x)<0$ 得 $\dfrac{1-\sqrt{1-a^2}}{a}<x<\dfrac{1+\sqrt{1-a^2}}{a}$.

所以函数 $f(x)$ 单调递增区间是

$$\left(0,\dfrac{1-\sqrt{1-a^2}}{a}\right] 和 \left[\dfrac{1+\sqrt{1-a^2}}{a},+\infty\right),$$

单调递减区间 $\left[\dfrac{1-\sqrt{1-a^2}}{a},\dfrac{1+\sqrt{1-a^2}}{a}\right]$.

⑤ 当 $a\geqslant 1$ 时,$f'(x)\geqslant 0$ 恒成立,所以函数 $f(x)$ 单调递增区间是 $(0,+\infty)$.

综上:当 $a\geqslant 1$ 时,$f(x)$ 单调递增区间是 $(0,+\infty)$;

当 $0<a<1$ 时,$f(x)$ 单调递增区间是

$$\left(0,\dfrac{1-\sqrt{1-a^2}}{a}\right] 和 \left[\dfrac{1+\sqrt{1-a^2}}{a},+\infty\right);$$

单调递减区间 $\left[\dfrac{1-\sqrt{1-a^2}}{a},\dfrac{1+\sqrt{1-a^2}}{a}\right]$.

当 $a\leqslant 0$ 时,$f(x)$ 在区间 $(0,+\infty)$ 单调递减.

小结:本题导数相当于二次不能分解型,分类的分界点确定的依据是:开口方向与判别式的正负,当 $\Delta>0$ 时,还要注意根的大小及根是否在定义域内.韦达定理对判断根的正负情况有很大的简化作用.

有其他分类讨论的办法吗?

如果我们看到 $h(x)=ax^2-2x+a$ 的结构,作变形 $h(x)=a(x^2+1)-2x$,考虑到函数 $f(x)$ 的定义域为 $(0,+\infty)$,所以 $-2x<0$,$x^2+1>0$,当 $a\leqslant 0$ 时,$f'(x)\leqslant 0$ 恒成立,这样我们只需分 $a\leqslant 0$;$0<a$

$<1;a\geqslant 1$ 三类进行研究. 这样我们简化了讨论, 当然要求我们关注原有函数, 更要有较强的观察能力.

还有其他简化办法吗? 能归纳出一般规律吗?

我们考虑这样一个问题, $a=g(x)$ 有解, 求实数 a 的范围. 显然实数 a 的范围就是 $g(x)$ 的值域. 反之 $a=g(x)$ 无解, 实数 a 就不在 $g(x)$ 的值域内. $a=g(x)$ 无解, 也就是 $a-g(x)>0$ 或 $a-g(x)<0$.

我们借鉴上面的事实, 如果导数形如或者可以化为 $f'(x)=a-g(x)$ 或 $f'(x)=g(x)-a$ 或 $f'(x)=h(x)[a-g(x)]$ ($h(x)$ 的符号恒定) 或 $f'(x)=h(a)-g(x)$ 等, 可求出 $g(x)$ 的值域, 考虑实数 a 或 $h(a)$ 是否在 $g(x)$ 的值域内, 就可以找到分类讨论的分界点.

简化解法: 函数 $f(x)$ 的定义域为 $(0,+\infty)$.

$$f'(x)=a\left(1+\frac{1}{x^2}\right)-\frac{2}{x}=\frac{ax^2-2x+a}{x^2}, 令 h(x)=ax^2-2x+a.$$

$$h(x)=ax^2-2x+a=a(x^2+1)-2x=(x^2+1)\left(a-\frac{2x}{x^2+1}\right).$$

当 $x>0$ 时, $0<\dfrac{2x}{x^2+1}=\dfrac{2}{x+\dfrac{1}{x}}\leqslant\dfrac{2}{2\sqrt{x\cdot\dfrac{1}{x}}}=1.$

① 当 $a\leqslant 0$ 时, 由 $h(x)<0$ 在 $(0,+\infty)$ 上恒成立, 则 $f'(x)<0$ 在 $(0,+\infty)$ 上恒成立, 所以函数 $f(x)$ 在区间 $(0,+\infty)$ 单调递减.

② 当 $a\geqslant 1$ 时, $f'(x)\geqslant 0$ 恒成立, 所以函数 $f(x)$ 单调递增区间是 $(0,+\infty)$.

③ 当 $0<a<1$ 时, 由 $f'(x)>0$ 得 $0<x<\dfrac{1-\sqrt{1-a^2}}{a}$, 或 $x>\dfrac{1+\sqrt{1-a^2}}{a}$;

由 $f'(x) < 0$ 得 $\dfrac{1-\sqrt{1-a^2}}{a} < x < \dfrac{1+\sqrt{1-a^2}}{a}$.

所以函数 $f(x)$ 单调递增区间是

$$\left(0, \dfrac{1-\sqrt{1-a^2}}{a}\right] \text{和} \left[\dfrac{1+\sqrt{1-a^2}}{a}, +\infty\right),$$

单调递减区间 $\left[\dfrac{1-\sqrt{1-a^2}}{a}, \dfrac{1+\sqrt{1-a^2}}{a}\right]$.

综上：当 $a \geqslant 1$ 时，$f(x)$ 单调递增区间是 $(0, +\infty)$.

当 $0 < a < 1$ 时，$f(x)$ 单调递增区间是

$$\left(0, \dfrac{1-\sqrt{1-a^2}}{a}\right] \text{和} \left[\dfrac{1+\sqrt{1-a^2}}{a}, +\infty\right),$$

当 $a \leqslant 0$ 时，$f(x)$ 在区间 $(0, +\infty)$ 单调递减.

小结：知识与思想方法的教学要遵循螺旋式上升过程，先通性通法，后根据结构特征找到更简洁的特法，再深入思考特法是否可以推广，使之成为一种通法. 这是很有意义的事，因为函数单调区间的讨论是许多函数问题的根本，此种策略在解答一些较难导数问题中有广泛的应用.

比如（2015 北京理第 Ⅲ 问）已知函数 $f(x) = \ln \dfrac{1+x}{1-x}$.

（Ⅲ）设实数 k 使得 $f(x) > k\left(x + \dfrac{x^3}{3}\right)$ 对 $x \in (0,1)$ 恒成立，求 k 的最大值.

按照上述的特法的推广，无需原题第二问的铺垫，我们可以快速解决这类问题. 下给出此种解法，供大家参考.

解：（Ⅲ）设 $g(x) = f(x) - k\left(x + \dfrac{x^3}{3}\right)\quad x \in (0,1)$.

$g'(x) = \dfrac{2}{1-x^2} - k(1+x^2) = (1+x^2)\left(\dfrac{2}{1-x^4} - k\right)$.

因为 $x \in (0,1)$,所以 $\dfrac{2}{1-x^4} \in (2,+\infty)$.

① 当 $k \leqslant 2$ 时,$g'(x) \geqslant 0$,所以 $g(x)$ 在 $(0,1)$ 上为增函数.

所以 $g(x) > g(0) = 0$,符合题意.

② 当 $k > 2$ 时,$x \in (0, \sqrt[4]{1-\dfrac{2}{k}})$,$g'(x) < 0$,所以 $g(x)$ 在 $(0, \sqrt[4]{1-\dfrac{2}{k}})$ 上为减函数.

所以 $g(x) < g(0) = 0$,不符合题意.

综上:$k \leqslant 2$,k 的最大值为 2.

导数的形式很多,只要真正把握了其中的一类或几类,其他的就可以进行类比,根据不同情境采取不同策略,有时我们会关心导函数的单调性,更有助于研究导数的正负.不管动态因素多么多,分类层次多么多,只要弄清分类的原因、分类标准的界定就会感受到分类的自然与合理.只要教师教学中更多地去关注这种自然性与合理性,学生对分类讨论的数学思想方法的掌握与使用才能运用自如,得心应手.

导数求解含参函数单调区间的过程来看,有关分类讨论思想的所有数学问题都具有明显的逻辑性、综合性、探索性,分类讨论不仅在数学知识和概念学习中十分重要,而且在解决数学问题过程中起着十分重要的作用.我们要把分类讨论贯穿于整个数学教学之中.在数学教学中研究分类讨论的一般规律是非常重要的,通过分类可以使大量繁杂的问题条理化系统化,有利于培养学生的思维条理性和概括性,从而提升学生的数学素养.

古典概率模型在排列组合问题中的应用

  计数是一个源远流长的古老数学问题，两个基本计数原理是解决计数问题的基础，运用计数原理可以计算排列数、组合数，解决排列组合问题，排列组合是组合学最基本的概念，也是概率、统计的预备知识．从初等数学知识内容上看，排列组合与现实生活联系紧密、相当重要，可以说排列组合内容具有无可替代的独特的教育价值．影响排列组合学习、教学的因素很多，解决问题的方法灵活、巧妙、多样，所以一直是教师教学、学生学习中的一个重点，更是一个难点．

  概率研究的对象是随机现象，为人们从不确定性的角度认识客观世界提供了重要的思维模式和解决问题的方法．很多排列组合问题也可以理解为随机排、随机取，那我们也可以运用一定的概率模型解决排列组合中的一些复杂问题．

  排列组合与古典概率论关系密切．如果随机试验的结果具有有限性以及每一个试验结果出现具有等可能性，我们就可以用古典概型来计算随机事件发生的概率．首先，要知道基本事件总数 n 以及事件 A 在总事件中包含的基本事件个数 m，这其中的 m、n 可以看作排列组合中的数量．逆向考虑一下，我们在解排列组合应用问题时，也可以转化为相应的概率模型进行求解，通过这种转化，可以将之前抽象的代数数量关系转化成为直观的概率模型，便于学生的学习理解．我们在将排列组合转化为概率模型时，首先，要通过一定的转化将所求的排列组合问题归结为某一类等可能事件组成的概率模型,事件 A 在总事件中包含的基本事件个数为 m,$P(A)$ 是事件 A 发生的概率,n 表示事件的总数,那么 $m = nP(A)$ 就是所求的排列组合的解.应换一个角度考虑 $P(A)$,所以 $P(A)$ 正确求得是难点.

用概率模型解决排列组合问题如何具体操作呢?下举例说明.

例 1 甲、乙、丙、丁、戊五人排成一排,甲既不在排头也不在排尾,有多少种排法?

解析:不考虑甲的特殊性,将甲、乙、丙、丁、戊五人排成一排看成一个随机试验,该试验所包含的基本事件的总数 $n = A_5^5 = 120$.每种排法都是等可能的.

事件 A 表示为"甲既不在排头也不在排尾",显然 $P(A) = \dfrac{3}{5}$,事件 A 在总事件中包含的基本事件个数为 m,$m = nP(A) = 120 \times \dfrac{3}{5} = 72$.

点评:本题直接做也很简单,但以上工作创造性地进行了概率与排列组合的融合,获取了一种研究排列组合问题的新途径,感受到了概率模型的强大功能,此种思路与方法,有助于学生对古典概型深入理解,有助于拓展学生的思维,有助于引导学生有意识地进行知识的整合,从某种程度上说,这就是一种创新.

例 2(2018 年浙江卷 16) 从 1,3,5,7,9 中任取 2 个数字,从 0,2,4,6 中任取 2 个数字,一共可以组成_____个没有重复数字的四位数.(用数字作答)

解析:

方法一:可以分类考虑,不含有 0 的四位数有 $C_5^2 \times C_3^2 \times A_4^4 = 720$(个).

含有 0 的四位数有 $C_5^2 \times C_3^1 \times C_3^1 \times A_3^3 = 540$(个).

综上,四位数的个数为 $720 + 540 = 1260$(个).

方法二:不考虑 0 的特殊性,将从 $1,3,5,7,9$ 中任取 2 个数字,从 $0,2,4,6$ 中任取 2 个数字,组成一个没有重复数字的四位数编码,看成一个随机试验.该试验所包含的基本事件的总数 $n = C_5^2 \times C_4^2 \times A_4^4 = 1440$.每种排法都是等可能的.设事件 A:"此四位编码构成四位数",则事件 $\overline{A}$ 表示"0 排在四位数编码首位",即 0 被选上且排在首位,

$$P(\overline{A}) = \frac{C_3^1}{C_4^2} \times \frac{1}{4} = \frac{1}{8}.$$

$$P(A) = 1 - P(\overline{A}) = \frac{7}{8}.$$

四位数的个数为 $nP(A) = 1440 \times \frac{7}{8} = 1260$(个).

点评:我们在将排列组合转化为概率模型时,首先,要通过一定的转化将所求的排列组合问题归结为某一类等可能事件组成的概率模型,事件 A 在总事件中包含的基本事件个数为 m,$P(A)$ 是事件 A 发生的概率,n 表示事件的总数,那么 $m = nP(A)$ 就是要求的排列组合的解.这也是用概率模型解决排列组合问题的步骤.求 $P(A)$ 是难点,策略方法较多,要在此处加以重视,我们可以在下面的例子中感受不同的概率求法.

例 3(2014 年北京理 13) 把 5 件不同产品摆成一排,若产品 A 与产品 B 相邻,且产品 A 与产品 C 不相邻,则不同的摆法有_____种.(用数字作答)

解析:一般相邻问题用"捆绑法",不相邻问题用"插空法".

方法一:将产品 A 与产品 B 捆绑在一起,然后与其他三种产品进行全排列,共有 $A_2^2 A_4^4$ 种方法,将产品 A,B,C 捆绑在一起,且产品 A 在

中间,然后与其他两种产品进行全排列,共有 $A_2^2 A_3^3$ 种方法,于是符合题意的排法共有 $A_2^2 A_4^4 - A_2^2 A_3^3 = 36$(种).

方法二:将产品 A 与产品 B 捆绑在一起,然后与除去 C 的其他两种产品进行全排列,共有 $A_2^2 A_3^3$ 种方法,再将 C 进行插空,由于产品 C 与产品 A 不相邻,有 A_3^1 种插法,故符合题意的排法共有 $A_2^2 A_3^3 A_3^1 = 36$(种).

方法三:不考虑限定条件,将这 5 件不同产品摆成一排看成一个随机试验,该试验所包含的基本事件的总数 $n = A_5^5 = 120$. 每种摆法是等可能的. 设事件 A_i:表示产品 A 摆在位置 $i, i=1,2,3,4,5$. 同样可定义事件 B_i, C_i. 设事件 $M = \{$产品 A 与产品 B 相邻$\}, N = \{$产品 B、C 都与产品 A 相邻$\}$,则

$$P(M) = \sum_{i=1}^{4} A_i B_{i+1} + \sum_{i=1}^{4} B_i A_{i+1} = 8P(A_1 B_2) = 8 \times \frac{1}{5} \times \frac{1}{4} = \frac{2}{5},$$

$$P(N) = \sum_{i=1}^{3} C_i A_{i+1} B_{i+2} + \sum_{i=1}^{3} B_i A_{i+1} C_{i+2}$$
$$= 6P(C_1 A_2 B_3) = 6 \times \frac{1}{5} \times \frac{1}{4} \times \frac{1}{3} = \frac{1}{10}.$$

于是符合题意的摆法共有 $120 \times [P(M) - P(N)] = 120 \times \left(\frac{2}{5} - \frac{1}{10}\right) = 36$(种).

方法四:不考虑限定条件,将这 5 件不同产品摆成一排看成一个随机试验,该试验所包含的基本事件的总数 $n = A_5^5 = 120$. 每种摆法是等可能的.

记 $M = \{$产品 A 与产品 B 相邻$\}, N = \{$产品 A 与产品 C 不相邻$\}$.

$P(M) = \dfrac{4A_2^2}{A_5^5} = \dfrac{2}{5}$,产品 A 与产品 B 已经相邻的前提下,若产品 A 与产品 C 不相邻,将产品 A 与产品 B 捆绑在一起,然后与除去 C 的其

他两种产品进行全排列,再将 C 进行插空,有 4 种插法,其中有三种插法可使产品 A 与产品 C 不相邻,所以 $P(N\mid M) = \dfrac{3}{4}$.

于是 $P(MN) = P(M)P(N\mid M) = \dfrac{2}{5} \times \dfrac{3}{4} = \dfrac{3}{10}$.

所以符合题意的排法共有 $A_5^5 P(MN) = 120 \times \dfrac{3}{10} = 36$(种).

点评:排列组合的学习之道就是要多角度考虑问题,各种方法相互比较,相互印证,找到自己的漏洞,将之改正.本题用到的"捆绑法""插空法"大多是强加给学生的一种技巧,学生独自较难探索出这些方法,只是模式化的记忆和应用.换一个角度来考虑,将这个排列组合问题转化成概率问题求解,可以说是一种通法.

例 4 将甲、乙、丙、丁、戊五位同学分别保送到北京大学、上海交通大学、浙江大学,若每所大学至少保送 1 人,甲不能被保送到北京大学,则不同的保送方案共有_____种.(用数字作答)

解析:不考虑限定条件,将甲、乙、丙、丁、戊五位同学分别保送到北京大学、上海交通大学、浙江大学,且每所大学至少保送 1 人,看成一个随机试验,先分组后排列,由分步计数原理可得该试验所包含的基本事件的总数 $n = \left(C_5^3 + \dfrac{C_5^2 C_3^2}{2}\right) A_3^3 = 150$.

设 $A = \{$甲被保送到北京大学$\}$,由等可能性知 $P(A) = \dfrac{1}{3}$,甲不能被保送到北京大学的概率为 $1 - P(A) = \dfrac{2}{3}$.

所以符合题意不同的保送方案共有 $\left(C_5^3 + \dfrac{C_5^2 C_3^2}{2}\right) A_3^3 \times \dfrac{2}{3} = 100$.

点评:这是一道复杂的排列组合问题,用概率模型来理解就简洁多了,避免了常规方法中的分类讨论,确实是一种很棒的方法!

例5 五名男生去外地出差,住宿安排在三个房间内,要求甲、乙两人不住同一房间,且每个房间最多住两人,则不同的住宿安排有_____种.(用数字作答)

解析:

方法一:依题意可以将这五人分成三组,其中一组1人,另两组分别2人,所以分配到三个房间里有 $\dfrac{C_5^2 C_3^2}{A_2^2} \times A_3^3 = 90$ 种,甲乙在同一个房间有 $C_3^1 A_3^2 = 18$ 种,则不同的住宿安排有 $90 - 18 = 72$ 种.

方法二:原问题等价于再加入一人,一共六个人,每个房间住两人,最后再把后加入的人去掉.这样甲与其他五人中的任何一人在同一房间的概率都为 $\dfrac{1}{5}$,故甲、乙不在同一房间的概率为 $\dfrac{4}{5}$,所以不同的住宿安排有 $C_6^2 C_4^2 C_2^2 \times \dfrac{4}{5} = 72$ 种.

点评:从两种方法的比较可以看出,方法二再加入一人,恰当构造了等概率的概率模型,问题的解决变得简洁明了!

例6 证明: $C_{n+1}^k = C_n^k + C_n^{k-1}$.

解析:原式可进行相应的变形: $\dfrac{C_n^k}{C_{n+1}^k} + \dfrac{C_n^{k-1}}{C_{n+1}^k} = 1$,联想对立事件的概率和为1.

可构造随机试验:从 $a_1, a_2, a_3 \cdots a_n, a_{n+1}$ 这 $n+1$ 件产品中随机抽取 k 件产品,求抽取的 k 件产品中含有 a_1 的概率是多少?抽取的 k 件产品中不含有 a_1 的概率是多少?

证明:设事件 $A_1 = \{$抽取的 k 件产品中没有 $a_1\}$,$A_2 = \{$抽取的 k 件产品中有 $a_1\}$,A_1, A_2 为对立事件.

$$P(A_1) = \dfrac{C_n^k}{C_{n+1}^k}, P(A_2) = \dfrac{C_n^{k-1}}{C_{n+1}^k},$$

所以
$$P(A_1) + P(A_2) = \frac{C_n^k}{C_{n+1}^k} + \frac{C_n^{k-1}}{C_{n+1}^k} = 1.$$

所以 $C_{n+1}^k = C_n^k + C_n^{k-1}$.

点评：概率模型不仅能解决排列组合问题，也可以用于证明组合恒等式，甚至是其他代数问题.

将概率模型应用在排列组合问题中，用构造概率模型的方法创新解题思路，将抽象化的代数数学模型转化成为相应的更为直观的概率模型，促进了概率知识的迁移以及排列组合与概率知识的相互融合，这样会使学生形成良好认知结构.我们更希望看到学生能够把概率模型应用在其他代数问题的解决中，拓展解题思路.概率模型与代数问题的完美融合为解决复杂、抽象的代数问题提供了一种新的思路和方法.这种创新的解题思路和解题方法能够不断地激发学生的学习热情，促进他们实践能力的提高和创新意识的发展，最终提升和发展更全面的学科素养.

关注原有函数性质，助力导数综合题

高考中的导数压轴题，一般从思维的层次性、深刻性和创新性等方面进行考查，不容易找到解题的突破口．本文强调要根据所求问题，关注原有函数的相关性质，这样不但能找到解决问题的突破口，而且能确定解题方向，甚至能直接分析出问题的答案．本节结合例子从四个方面加以说明，以此来感受关注原有函数本身的某些性质对所研究问题带来的优化．

很多学生在面对导数综合题时，一般都会考虑原有函数的定义域，然后就对原有函数求导数，或根据问题情境，构造一个函数再求导数．那么为什么要求导？求导的目的是什么？所求得的导数便于后续研究吗？所研究问题的本质是要研究函数的什么性质？学生对诸多问题可能没有考虑清楚，更多的还是模式化解题．不可否认单调性是函数的最重要性质之一．导数最直接的应用就是研究函数的单调区间，这也是导数的工具作用所在，但不是所有的问题都要研究函数的单调性．如果需要研究函数的单调性，而导数含参数且特别复杂，分类讨论的分界点该如何确定呢？很多学生求导数之后，就陷入不知所措、无从下手、停滞不前的窘境，更谈不上找到解决问题的突破口了．如 2019 年全国 I 卷理 20 题的第（Ⅱ）问，学生就遇到很大的挑战．

（2019年全国 I 卷理 20 节选）已知函数 $f(x)=\sin x-\ln(1+x)$．

证明：$f(x)$ 有且仅有 2 个零点．

分析：如果盲目从导数 $f'(x)=\cos x-\dfrac{1}{1+x}$ 入手，导数的零点不易发现，进而很难说出原函数的单调区间，也就无法判断函数值正负的变化情况，问题就很难解决. 由于找不到突破口，解题陷入困境. 若有观察原有函数的性质的意识，可能就会发现 $f(0)=0$，所以 $x=0$ 是 $f(x)$ 的一个零点. 因为一般函数的零点与函数值的正负有关联，再做一下试验，发现 $f\left(\dfrac{\pi}{2}\right)f(e-1)<0$，依题意可断定函数在 $\left(\dfrac{\pi}{2},e-1\right)$ 上有且仅有 1 个零点，这样解题的目标就确定了，自然我们会做如下解答.

证明：$f(x)$ 的定义域为 $(-1,+\infty)$. 由 $f(0)=0$，所以 $x=0$ 是 $f(x)$ 的一个零点.

又 $f\left(\dfrac{\pi}{2}\right)=1-\ln\left(1+\dfrac{\pi}{2}\right)>0, f(e-1)=\sin(e-1)-1<0$，依题意，只需证 $f(x)$ 在 $(-1,0)\cup\left(0,\dfrac{\pi}{2}\right)\cup[e-1,+\infty)$ 上无零点，在 $\left(\dfrac{\pi}{2},e-1\right)$ 上有且仅有 1 个零点.

(1) 当 $x\in(-1,0]$ 时，$f'(x)$ 在 $(-1,0)$ 单调递增，而 $f'(0)=0$，所以当 $x\in(-1,0)$ 时，$f'(x)<0$，故 $f(x)$ 在 $(-1,0)$ 单调递减，又 $f(x)>f(0)=0$，$f(x)$ 在 $(-1,0)$ 没有零点.

(2) 当 $x\in\left(0,\dfrac{\pi}{2}\right]$ 时，由(1)知，$f'(x)$ 在 $(0,t)$ 单调递增，在 $\left(t,\dfrac{\pi}{2}\right)$ 单调递减，而 $f'(0)=0, f'\left(\dfrac{\pi}{2}\right)<0$，所以存在 $x_0\in\left(\alpha,\dfrac{\pi}{2}\right)$，使得 $f'(x_0)=0$. 且当 $x\in(0,x_0)$ 时，$f'(x)>0$；当 $x\in\left(x_0,\dfrac{\pi}{2}\right)$ 时，$f'(x)<0$. 故 $f(x)$ 在 $(0,x_0)$ 单调递增，在 $\left(x_0,\dfrac{\pi}{2}\right)$ 单调递减. 又 $f(0)$

$=0, f\left(\frac{\pi}{2}\right)=1-\ln\left(1+\frac{\pi}{2}\right)>0$,所以当 $x\in\left(0,\frac{\pi}{2}\right]$ 时,$f(x)>0$. 从而,$f(x)$ 在 $\left(0,\frac{\pi}{2}\right]$ 没有零点.

(3) 当 $x\in\left(\frac{\pi}{2},e-1\right)$ 时,$f'(x)=\cos x-\frac{1}{1+x}<0$,所以 $f(x)$ 在 $\left(\frac{\pi}{2},e-1\right)$ 单调递减. 而 $f\left(\frac{\pi}{2}\right)>0, f(e-1)<0$,所以 $f(x)$ 在 $\left(\frac{\pi}{2},e-1\right)$ 有唯一零点.

(4) 当 $x\in[e-1,+\infty)$ 时,$f(x)=\sin x-\ln(1+x)<\sin x-1\leqslant 0$ 所以 $f(x)<0$,从而 $f(x)$ 在 $[e-1,+\infty)$ 没有零点.

综上,$f(x)$ 有且仅有 2 个零点.

由上面的例子可以看出,关注原有函数的性质对问题解决相当重要.

优先考虑函数的定义域,其实这就是关注原有函数的一种性质. 但我们不能仅仅局限这一点,也不能求导数之后就抛弃了原有函数. 我们要根据所求问题的本质,关注原有函数的相关性质,找到问题的突破口,再结合导数解决问题. 笔者结合自己的教学实践,重点谈一谈在解决函数与导数综合问题中除关注定义域外,还应关注原有函数的哪些性质?下面结合例子从四个方面加以说明. 限于篇幅,所举例子均节选一个问题进行解答,以此来感受关注原有函数本身的某些性质对所研究问题带来的优化.

一、关注多项式或函数值整体的正负

关注多项式或函数值整体的正负对证明不等式、函数零点、恒成立或有解问题至关重要.

例 1(2016 浙江文改编)　设函数 $f(x)=x^3+\dfrac{1}{1+x}, x\in[0,1]$. 证明: $f(x)\geqslant 1-x+x^2$.

证明一: 由 $f(x)-(1-x+x^2)=x^3+\dfrac{1}{1+x}-(1-x+x^2)=\dfrac{x^3(1+x)+1-(1+x)(1-x+x^2)}{1+x}=\dfrac{x^3(1+x)+1-(1+x^3)}{1+x}=\dfrac{x^4}{1+x}\geqslant 0$ 得 $f(x)\geqslant 1-x+x^2$ 成立.

证明二: 因为 $1-x+x^2-x^3=\dfrac{1-x^4}{1+x}\leqslant\dfrac{1}{1+x}$, 所以 $x^3+\dfrac{1}{1+x}\geqslant 1-x+x^2$.

点评:本题没有用导数研究函数的最值来证明不等式,问题的解决根本就没用到导数.函数不等式证明的数学本质还是作差,看差值的正负即可.不一定非要构造函数,通过研究单调性等性质,再求出函数的最值.本题根据题目的结构特征,用适当的转化、代数变形、放缩等手段就能达到目的,从而问题得以快速解决.上面两种解法需要较高的数学素养,能给学生带来震撼,是去除模式化的好素材.特别是证明一关注了 $f(x)-(1-x+x^2)$ 整体的正负,还有什么时候要关注多项式或函数值整体的正负呢?

例 2(2016 全国 I 卷理改编)　证明: $-\dfrac{e}{2}<a<0$ 时, $f(x)=(x-2)e^x+a(x-1)^2$ 在 R 上至多一个零点.

解法一: $f'(x)=(x-1)e^x+2a(x-1)=(x-1)(e^x+2a)$.

若 $-\dfrac{e}{2}<a<0$, 则 $\ln(-2a)<\ln e=1$,

x	$(-\infty, \ln(-2a))$	$\ln(-2a)$	$(\ln(-2a), 1)$	1	$(1, +\infty)$
$f'(x)$	+	0	−	0	+
$f(x)$	↗	极大值	↘	极小值	↗

而极大值 $f(\ln(-2a)) = -2a[\ln(-2a)-2] + a[\ln(-2a)-1]^2$
$= a\{[\ln(-2a)-2]^2 + 1\} < 0$.

故当 $x \leqslant 1$ 时，$f(x)$ 在 $x = \ln(-2a)$ 处取到最大值 $f(\ln(-2a))$，那么 $f(x) \leqslant f(\ln(-2a)) < 0$.

恒成立，即 $f(x) = 0$ 无解.

而当 $x > 1$ 时，$f(x)$ 单调递增，至多一个零点，此时 $f(x)$ 在 R 上至多一个零点，不合题意.

解法二：若 $-\dfrac{e}{2} < a < 0$，当 $x \leqslant 1$ 时，$f(x) < 0$，而 $f'(x) = (x-1)e^x + 2a(x-1) = (x-1)(e^x + 2a)$.

则 $f'(x) > 0$ 在 $(1, +\infty)$ 上恒成立，$f(x)$ 单调递增，至多一个零点.

此时 $f(x)$ 在 R 上至多一个零点，不合题意.

点评：最值或极值的正负某种程度决定有无零点问题，这是零点问题的一个基本认识. 解法一就是依据这个认识. 但极值的正负不好判断，有时需要一定的技巧. 更朴素的一个道理是："函数在某区间上恒正或恒负，则函数在此区间上无零点."若知道函数在某区间上恒正或恒负，就无须关注它在此区间上的单调性情况，更不用关注极值的正负，所以解法二是站在整体的角度看问题，解法当然更加简洁. 在教学时，我们可以采取这种对比教学，既落实基本解法，又培养学生观察、整合、创新意识，使学生对问题本质有更深刻的思考.

二、关注原有函数的零点

零点是函数的一个重要性质,它与函数值的正负、单调区间、极值等有密切关系.

例 3(2012年辽宁文改编) 设 $f(x)=\ln x+\sqrt{x}-1$,证明:当 $1<x<3$ 时,$f(x)<\dfrac{9(x-1)}{x+5}$.

分析:令 $F(x)=f(x)-\dfrac{9(x-1)}{x+5}$,只需证 $F(x)<0$.

而 $F(1)=0$,我们希望 $x\in(1,3)$ 时,$F(x)$ 为减函数,我们可以朝着这个方向试一试.

证明:设 $F(x)=f(x)-\dfrac{9(x-1)}{x+5}$.

则 $F'(x)=\dfrac{1}{x}+\dfrac{1}{2\sqrt{x}}-\dfrac{54}{(x+5)^2}$

$=\dfrac{2+\sqrt{x}}{2x}-\dfrac{54}{(x+5)^2}<\dfrac{2+\dfrac{1+x}{2}}{2x}-\dfrac{54}{(x+5)^2}$

$=\dfrac{x+5}{4x}-\dfrac{54}{(x+5)^2}=\dfrac{(x+5)^3-216x}{4x(x+5)^2}$.

令 $G(x)=(x+5)^3-216x$ $(1<x<3)$,则 $x\in(1,3)$,$G'(x)=3(x+5)^2-216<0$.

故 $G(x)$ 在 $(1,3)$ 上为减函数,所以 $G(x)<G(1)=0$.

即 $F'(x)<0$ 在 $x\in(1,3)$ 上恒成立,故 $F(x)$ 在 $(1,3)$ 上为减函数.

所以,所以当 $x\in(1,3)$ 时,$f(x)<\dfrac{9(x-1)}{x+5}$.

点评:其实还可以去分母后,再构造函数,但不管怎样构造函数,看到了零点,就找到了解题方向!要培养学生观察零点的意识,有的函数零点可以直接看出,有时需要我们去估算原有函数或导数的零点,一般是函数的单调性与零点存在性定理相结合.

例 4(2010 全国大纲改编) 已知 $a \geqslant 0$,当 $x \geqslant 0$ 时,$1-e^{-x} \leqslant \dfrac{x}{ax+1}$,求 a 的取值范围.

分析:若直接构造函数 $g(x) = 1-e^{-x} - \dfrac{x}{ax+1}$,去研究 $g(x)$ 在 $(0,+\infty)$ 上的最大值,由于导数很复杂,我们很难研究.若注意到已知 $a \geqslant 0, x \geqslant 0$,就知道 $ax+1 \geqslant 0$,进而不等式转化为 $(ax+1)(e^x-1) - xe^x \leqslant 0$,构造 $h(x) = (ax+1)(e^x-1) - xe^x$,导数相对简洁一些.往下该如何分析呢?是求导研究 $h(x)$ 的最大值吗?而 $h'(x) = e^x[(a-1)x+a]-a$ 很复杂啊,又该如何分类讨论呢?如果注意到 $h(0)=0$,那么此函数一开始必单调递减,又注意到 $h'(0)=0$,从而导数一开始也必单调递减,故 $h''(0) \leqslant 0$,即 $a \in \left[0, \dfrac{1}{2}\right]$,进而可以做如下解答.

解:$a \geqslant 0$ 时,$f(x) \leqslant \dfrac{x}{ax+1}$ 可转化为 $(ax+1)(e^x-1)-xe^x \leqslant 0$.

设 $h(x) = (ax+1)(e^x-1) - xe^x, h(0)=0$.
$h'(x) = e^x[(a-1)x+a]-a, h'(0)=0$.
$h''(x) = e^x[(a-1)x+2a-1]$.

① $0 \leqslant a \leqslant \dfrac{1}{2}$ 时,$x \in (0,+\infty)$ 时,$h''(x) < 0$,所以 $h'(x)$ 在 $(0,+\infty)$ 单调递减,故 $h'(x) < h'(0) = 0$,

所以 $h(x)$ 在 $(0,+\infty)$ 单调递减,故 $h(x) < h(0) = 0$,所以 $0 \leqslant a \leqslant \dfrac{1}{2}$ 符合题意.

② $\frac{1}{2} < a < 1$ 时,$x \in \left(0, \frac{2a-1}{1-a}\right)$时,$h''(x) > 0$,所以 $h'(x)$ 在 $\left(0, \frac{2a-1}{1-a}\right)$ 单调递增,故 $h'(x) > h'(0) = 0$,所以 $h(x)$ 在 $\left(0, \frac{2a-1}{1-a}\right)$ 单调递增,故 $h(x) > h(0) = 0$,所以 $\frac{1}{2} < a < 1$ 不符合题意.

③ $a \geqslant 1$ 时,$x \in (0, +\infty)$ 时,$h''(x) > 0$,所以 $h'(x)$ 在 $(0, +\infty)$ 单调递增,故 $h'(x) > h'(0) = 0$.

所以 $h(x)$ 在 $(0, +\infty)$ 单调递增,故 $h(x) > h(0) = 0$,所以 $a \geqslant 1$ 不符合题意.

点评:函数零点看似只是函数的一个局部性质,其实零点影响着函数的其他性质,比如函数只有一个变号零点,就知道函数在零点两侧一定异号,对我们解不等式就有很大帮助.不管怎样构造函数,看到了零点,就找到了解题方向!关注函数的零点当然也包括观察导函数的零点.还有本题这种寻求使命题成立的充分条件,再证明其是必要条件的解题策略在解决压轴题中很常用.在解导数压轴题过程中,也有先寻求使命题成立的必要条件,这样会缩小参数的取值范围,一般会减少分类讨论,再证明其是充分条件.此种解题策略不再举例,请读者自己体会.

例5 已知函数 $f(x) = e^x + (a-e)x - ax^2$,若函数 $f(x)$ 在区间 $(0,1)$ 内存在零点,求实数 a 的取值范围.

解析:由 $f(x) = e^x + (a-e)x - ax^2$ 可知,$f(0) = 1, f(1) = 0$.

若函数 $f(x)$ 在区间 $(0,1)$ 内存在零点,则 $f(x) = e^x - ex + a(x - x^2) \leqslant 0$ 在区间 $(0,1)$ 上有解.

设 $h(x) = e^x - ex \quad x \in (0,1)$.

$h'(x) = e^x - e < 0$,故 $h(x)$ 在区间 $(0,1)$ 上单调递减,所以 $h(x) > h(1) = 0$.

(1) $a \geqslant 0$ 时,因为 $x \in (0,1), a(x-x^2) \geqslant 0$,又 $e^x - ex > 0$,所以 $f(x) > 0$.

故 $f(x) \leqslant 0$ 在区间 $(0,1)$ 上无解.

(2) $a < 0$ 时,$f''(x) = e^x - 2a > 0$,$f'(x) = e^x - e + a(1-2x)$ 在区间 $(0,1)$ 上单调递增.

又 $f'(0) = 1 - e + a < 0$,$f'(1) = -a > 0$.

故存在 $x_0 \in (0,1)$,使得 $f'(x_0) = 0$,$x \in (0, x_0)$ 时,$f'(x) < 0$ 且 $x \in (x_0, 1)$ 时,$f'(x) > 0$.

所以 $f(x)$ 区间 $(x_0, 1)$ 上单调递增,所以 $f(x_0) < f(1) = 0$,

所以 $f(x) = e^x - ex + a(x - x^2) \leqslant 0$ 在区间 $(0,1)$ 上有解,$a < 0$ 符合题意.

综上:a 的取值范围为 $(-\infty, 0)$.

点评:根据题目情境先观察出边界值 $f(0) = 1, f(1) = 0$,根据零点存在定理,函数值必小于等于零的值,这也是对零点问题的最朴素认识.有了这种认识,问题得以转化为不等式有解问题.不等式有解问题一定要关注函数值的正负,而关注函数值的正负,就找到了分类讨论的分界点,正是由于关注了原有函数的一些性质,问题才得到了完美解答.

三、关注原有函数的奇偶性

例 6 已知 $f(x) > kx - 1$,$g(x) = x - 1 + \dfrac{1}{e^x} - (kx - 1)$,讨论函数 $f(x)$ 的零点个数.

解：易证 $f(x) > kx - 1$ 为偶函数．

(1) 当 $a > 0$ 时，因为 $f(x) = a\cos x + x\sin x > 0, x \in \left[-\dfrac{\pi}{2}, \dfrac{\pi}{2}\right]$ 恒成立，所以函数 $f(x)$ 没有零点．

(2) 当 $a = 0$ 时，令 $f(x) = x\sin x = 0$，由 $x \in \left[-\dfrac{\pi}{2}, \dfrac{\pi}{2}\right]$，得 $x = 0$．所以函数 $f(x)$ 有且只有一个零点．

(3) 当 $a < 0$ 时，$x \in \left(0, \dfrac{\pi}{2}\right)$ 时，$f'(x) = -a\sin x + \sin x + x\cos x = (1-a)\sin x + x\cos x > 0$，所以 $f(x)$ 是 $\left[0, \dfrac{\pi}{2}\right]$ 上的增函数．

因为 $f(0) = a < 0, f\left(\dfrac{\pi}{2}\right) = \dfrac{\pi}{2} > 0$，所以 $f(x)$ 在 $\left(0, \dfrac{\pi}{2}\right)$ 上只有一个零点．

由 $f(x)$ 是偶函数可知，函数 $f(x)$ 有两个零点．

综上所述：当 $a > 0$ 时，函数 $f(x)$ 的零点个数为 0；当 $a = 0$ 时，函数 $f(x)$ 的零点个数为 1；当 $a < 0$ 时，函数 $f(x)$ 的零点个数为 2．

点评：本题不但关注了原有函数的正负，更关注了函数的奇偶性．奇偶性是一种对称性，知道自变量在原点的一侧取值时的性质，就知道另一侧的性质．如果函数有奇偶性，我们可以将自变量取值范围缩小一半，这样有助于研究导数的正负．

四、关注原有函数的边界状态

这里我所说的函数的边界状态可以理解为函数在定义域边界的函数值或极限．

例 7（2008 年辽宁理改编） 设函数 $f(x) = \dfrac{\ln x}{1+x} - \ln x + \ln(x + $

1). 是否存在实数 a,使得关于 x 的不等式 $f(x) \geqslant a$ 的解集为 $(0,+\infty)$?若存在,求 a 的取值范围;若不存在,试说明理由.

分析:我们很难直接解出不等式 $f(x) \geqslant a$,那该怎样处理?我们可以尝试观察 $f(x)$ 的函数值情况,可以看出 $f(x) > 0$ 在定义域 $(0,+\infty)$ 上恒成立,若 $a \leqslant 0$, $f(x) \geqslant a$ 的解集就为 $f(x)$ 的定义域为 $(0,+\infty)$,若 $a > 0$,又 $x \to +\infty$, $f(x) \to 0$,说明对于给定的正数 a,当 x 取较大值时 $f(x) \geqslant a$ 不成立,我们可以用特例加以说明.

解:$f(x)$ 的定义域为 $(0,+\infty)$.

(1)$a \leqslant 0$ 时,$f(x) = \dfrac{\ln x}{1+x} - \ln x + \ln(x+1) = \dfrac{\ln(x+1) + x[\ln(x+1) - \ln x]}{1+x} > 0$.

不等式 x 的解集为 $(0,+\infty)$.

(2)$a > 0$ 时,易证 $x > 2$ 时,$e^x > x^2$(证明略).

$f(e^n) = \dfrac{n}{1+e^n} + \ln\left(1 + \dfrac{1}{e^n}\right)$, $n > 2$ 且 $n > \dfrac{2}{a}$ 时,$\dfrac{n}{1+e^n} < \dfrac{n}{e^n} < \dfrac{n}{n^2} = \dfrac{1}{n} < \dfrac{a}{2}$;$n > -\ln(e^{\frac{a}{2}} - 1)$,$\ln\left(1 + \dfrac{1}{e^n}\right) < \dfrac{a}{2}$.

所以 $n > 2$ 且 $n > \dfrac{2}{a}$ 且 $n > -\ln(e^{\frac{a}{2}} - 1)$,$f(e^n) = \dfrac{n}{1+e^n} + \ln\left(1 + \dfrac{1}{e^n}\right) < \dfrac{a}{2} + \dfrac{a}{2} = a$,不符题意.

综上:a 的取值范围为 $(-\infty, 0]$.

点评:本题是以极限为背景命制的,其实是考查函数值的取值情况.如何研究函数值的取值情况呢?一般通过研究函数的单调性等性质来确定值域,但本题的导数十分复杂,很难找到原有函数的单调区间,若我们关注了原有函数值的正负,关注了函数边界的极限,我们就

知道 $f(x)$ 的值域一定为 $(0,M]$. 当然本题 $x \to 0^+$, $f(x) \to 0$, 第二问也可以取较小的正数进行论证. 如何说明 $a>0$ 时, $f(x) \geqslant a$ 的解集不是 $(0,+\infty)$, 需要对极限概念有较深刻的认识.

教学要突出数学本质, 函数问题的核心就是函数性质的研究与应用. 根据问题情境, 我们应让学生有意识地关注原有函数的定义域、奇偶性、函数值的正负、零点、函数的边界状态等性质, 问题很可能就找到了突破口, 也会使问题更简洁更方便地被解决. 导数压轴问题多出在证明不等式、解不等式、恒成立或有解问题中的求参数取值范围以及零点问题等方面. 我们需要归类, 找到一般解题思路, 但我们更应关注原有函数的结构、性质, 而不是一概求导解决. 要突出导数的思想、工具作用, 更要站在函数整体的高度认识函数问题, 这是一种意识, 学生一旦形成了这种意识, 就会做到在一般方法与特殊策略之间灵活转化, 在更高的层面去认识问题、理解问题、解决问题.

一道高考试题的背景与拓展

几何问题中的定值问题其实就是研究几何图形在运动变化过程中的恒成立问题,这种恒成立问题反映了该几何问题的本质特征.因为定值问题是几何问题的核心问题之一,所以在全国各地高考试题中,对圆锥曲线中的定值问题考查屡见不鲜.下面就2016年北京文科高考19题的背景与拓展谈谈笔者的一点思考.

【真题再现】(2016年北京文科高考19题)已知椭圆$C: \dfrac{x^2}{a^2} + \dfrac{y^2}{b^2} = 1$过$A(2,0)$,$B(0,1)$两点.

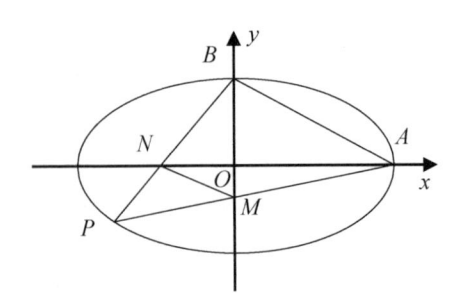

(Ⅰ)求椭圆C的方程及离心率;

(Ⅱ)设P为第三象限内一点且在椭圆C上,直线PA与y轴交于点M,直线PB与x轴交于点N.求证:四边形$ABNM$的面积为定值.

【问题简析】第二问是一个定值问题,定值问题的本质是恒成立问题,解决定值问题的方法有两种,一种是引入参数,建立函数关系,化简求解;另一种是先猜后证,先特殊后一般.

【问题解答】（Ⅰ）由题意得，$a=2, b=1$. 所以椭圆 C 的方程为 $\dfrac{x^2}{4}+y^2=1$.

又 $c=\sqrt{a^2-b^2}=\sqrt{3}$，所以离心率 $e=\dfrac{c}{a}=\dfrac{\sqrt{3}}{2}$.

（Ⅱ）设 $P(x_0, y_0)(x_0<0, y_0<0)$，则 $x_0^2+4y_0^2=4$.

又 $A(2,0), B(0,1)$，所以直线 PA 的方程为 $y=\dfrac{y_0}{x_0-2}(x-2)$.

令 $x=0$，得 $y_M=-\dfrac{2y_0}{x_0-2}$，从而 $|BM|=1-y_M=1+\dfrac{2y_0}{x_0-2}$.

直线 PB 的方程为 $y=\dfrac{y_0-1}{x_0}x+1$.

令 $y=0$，得 $x_N=-\dfrac{x_0}{y_0-1}$，从而 $|AN|=2-x_N=2+\dfrac{x_0}{y_0-1}$.

所以四边形 $ABNM$ 的面积

$S=\dfrac{1}{2}|AN|\cdot|BM|$

$=\dfrac{1}{2}\left(2+\dfrac{x_0}{y_0-1}\right)\left(1+\dfrac{2y_0}{x_0-2}\right)$

$=\dfrac{x_0^2+4y_0^2+4x_0y_0-4x_0-8y_0+4}{2(x_0y_0-x_0-2y_0+2)}$

$=\dfrac{2x_0y_0-2x_0-4y_0+4}{x_0y_0-x_0-2y_0+2}$

$=2$.

从而四边形 $ABNM$ 的面积为定值.

【方法点评】引入点 P 的坐标 (x_0,y_0)，建立面积 S 与 x_0,y_0 的关系 $S=f(x_0,y_0)$，化简 $f(x_0,y_0)$ 求得定值. 也可以引入直线 PB 的斜率 k，建立 S 与 k 的关系 $S=f(k)$，化简 $f(k)$ 求得定值.

【追根溯源】 为什么四边形 $ABNM$ 的面积为定值？

设椭圆 C 在直角坐标系 Oxy 下的方程为：$\dfrac{x^2}{a^2} + \dfrac{y^2}{b^2} = 1(a > b > 0)$.

作仿射变换 $T\begin{cases} x = x', \\ y = \dfrac{b}{a}y', \end{cases}$ 则椭圆 C 方程变为 $x'^2 + y'^2 = a^2$.

仿射变换 T 有这样一种性质：仿射变换 T 保持任意两个三角形的面积之比不变，且面积比为 $\dfrac{S_{\triangle ABC}}{S_{\triangle A'B'C'}} = \dfrac{b}{a}$（常数）.

椭圆 $C: \dfrac{x^2}{4} + y^2 = 1$ 经过仿射变换 $\begin{cases} x = x' \\ y = \dfrac{1}{2}y' \end{cases}$ 后得到圆 $C': x'^2 + y'^2 = 4$.

由椭圆中四边形 $ABNM$ 的面积为 2（定值）及 $\dfrac{S}{} = \dfrac{b}{a}$，可知圆中四边形 $A'B'N'M'$ 的面积为 4（定值）.故本题的根源就是圆具有这样的性质.

【本源探究】 半径为 R 的圆，两条互相垂直的直径 AC, BD 交于 O 点，P 在劣弧 $\overparen{CD}$ 上，PA 交 BD 于 M，PB 交 AC 于 N. 证明：四边形 $ABNM$ 的面积为定值.

下面给出一种几何证明方法.

【推理证明】 设 $\angle PBM = \alpha$，$\angle PAN = \beta$，则 $\alpha + \beta = 45°$，且 $\tan\alpha = \dfrac{ON}{OB}$，$\tan\beta = \dfrac{OM}{OA}$.

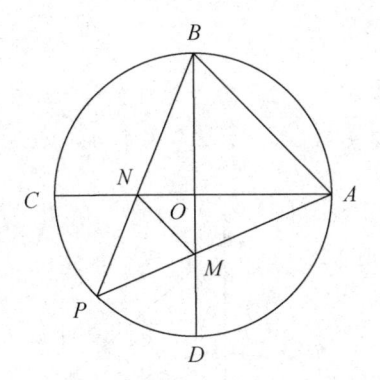

由 $\tan(\alpha+\beta) = \dfrac{\tan\alpha + \tan\beta}{1 - \tan\alpha\tan\beta} = 1.$

所以 $\dfrac{ON}{OB} + \dfrac{OM}{OA} = 1 - \dfrac{ON}{OB} \cdot \dfrac{OM}{OA}$ 又 $OA = OB = R.$

即 $OM \cdot ON + ON \cdot OB + OM \cdot OA = OA \cdot OB = R^2.$

所以 $S_{\triangle OMN} + S_{\triangle ONB} + S_{\triangle OMA} = S_{\triangle OAB} = \dfrac{1}{2}R^2.$

四边形 $ABNM$ 的面积为 $S_{\triangle OMN} + S_{\triangle ONB} + S_{\triangle OMA} + S_{\triangle OAB} = R^2.$

四边形 $ABNM$ 的面积为定值 R^2.

根据仿射变换,我们很容易将圆中的一些性质推广到椭圆上去.

【拓展延伸1】椭圆上点 P 不在第三象限内时,是否还有类似的性质?比如 P 为第一象限内一点,类比猜想"谁"的面积为定值?

【类比猜想】P 为第一象限内一点且在椭圆 $C: \dfrac{x^2}{4} + y^2 = 1$ 上,直线 PA 与 y 轴交于点 M,直线 PB 与 x 轴交于点 N. 求证:三角形 PMN 与三角形 PAB 的面积之差为定值.

【尝试验证】设 $P(x_0, y_0)(x_0 > 0, y_0 > 0)$,则 $x_0^2 + 4y_0^2 = 4.$ 又 $A(2,0), B(0,1),$

所以直线 PA 的方程为 $y = \dfrac{y_0}{x_0 - 2}(x - 2).$ 令 $x = 0$,得 y_M

$$=-\frac{2y_0}{x_0-2},$$

直线 PB 的方程为 $y=\frac{y_0-1}{x_0}x+1$. 令 $y=0$, 得 $x_N=-\frac{x_0}{y_0-1}$,

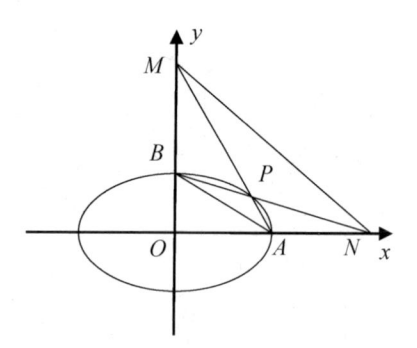

$$\begin{aligned}
S_{\triangle PMN}-S_{\triangle PAB} &= S_{\triangle NBM}-S_{\triangle ABM}\\
&=\frac{1}{2}(y_M-1)\cdot x_N-\frac{1}{2}(y_M-1)\cdot 2\\
&=\frac{1}{2}(y_M-1)\cdot(x_N-2)\\
&=\frac{1}{2}\left(-\frac{2y_0+x_0-2}{x_0-2}\right)\left(-\frac{2y_0+x_0-2}{y_0-1}\right)\\
&=\frac{x_0^2+4y_0^2+4x_0y_0-4x_0-8y_0+4}{2(x_0y_0-x_0-2y_0+2)}\\
&=\frac{2x_0y_0-2x_0-4y_0+4}{x_0y_0-x_0-2y_0+2}=2.
\end{aligned}$$

从而三角形 PMN 与三角形 PAB 的面积之差为定值.

猜想正确!当点 P 在第二象限或第四象限时,同样有类似的性质. 即"P 为第二象限(或第四项象限)内一点且在椭圆 $C:\frac{x^2}{4}+y^2=1$ 上,直线 PA 与 y 轴交于点 M,直线 PB 与 x 轴交于点 N. 则凹四边形 $ABNM$ 的面积为定值". 我们用同样的方法可以证明,这里不再赘述.

【知识铺垫】过椭圆中心的弦叫椭圆的直径. 平行于直径 CD 的弦

的中点的轨迹 AB 和直径 CD 互为共轭直径.当一对共轭直径互相垂直时,即为椭圆的长轴和短轴.特别是,AB 与 CD 为椭圆 $W: \dfrac{x^2}{a^2} + \dfrac{y^2}{b^2} = 1(a > b > 0)$ 的一对直径,设 AB 与 CD 斜率分别为 k_1, k_2,若 $k_1 \cdot k_2 = -\dfrac{b^2}{a^2}$,则称 AB 与 CD 为椭圆 W 的一对共轭直径.

【拓展延伸2】如图,AE 与 BF 为 $C: \dfrac{x^2}{4} + y^2 = 1(a > b > 0)$ 的一对非互相垂直的共轭直径,动点 P 在椭圆弧 EF 上,直线 PB 与 AE 交于点 M,直线 PA 与 BF 交于点 N.四边形 $ABMN$ 的面积为定值吗?

【尝试验证】如图,不妨设定点 $A(2\cos\theta, \sin\theta)$,且点 A 在第一象限,$B(2\cos\alpha, \sin\alpha)$ 且点 B 在第四象限.

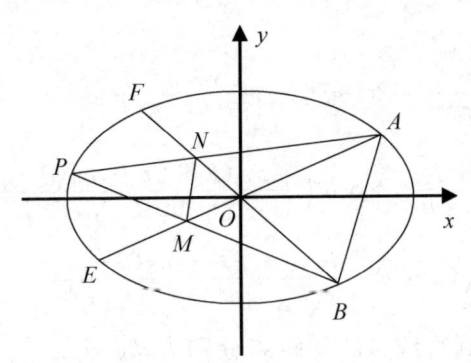

由共轭直径性质 $\dfrac{\sin\theta}{2\cos\theta} \cdot \dfrac{\sin\alpha}{2\cos\alpha} = -\dfrac{1}{4}$,$\cos(\alpha - \theta) = 0$,不妨设 $\alpha = \theta - \dfrac{\pi}{2}$.

此时 $B(2\sin\theta, -\cos\theta)$,设 $P(2\cos\beta, \sin\beta)$.

$OA: y = \dfrac{\sin\theta}{2\cos\theta} x$ ①

$PB: y + \cos\theta = \dfrac{1}{2} \dfrac{\sin\beta + \cos\theta}{\cos\beta - \sin\theta}(x - 2\sin\theta)$ ②

①② 联立得 $\begin{cases} x_M = \dfrac{-2\cos\theta\cos(\theta-\beta)}{\sin(\theta-\beta)-1} \\ y_M = \dfrac{-\sin\theta\cos(\theta-\beta)}{\sin(\theta-\beta)-1} \end{cases}$

$OB: y = -\dfrac{\cos\theta}{2\sin\theta}x$ ③

$PA: y - \sin\theta = \dfrac{1}{2}\dfrac{\sin\beta - \sin\theta}{\cos\beta - \cos\theta}(x - 2\cos\theta)$ ④

③④ 联立得 $\begin{cases} x_N = \dfrac{-2\sin\theta\sin(\theta-\beta)}{\cos(\theta-\beta)-1} \\ y_N = \dfrac{\cos\theta\sin(\theta-\beta)}{\cos(\theta-\beta)-1} \end{cases}$

$|AM| = \sqrt{1+\dfrac{\sin^2\theta}{4\cos^2\theta}}\ |x_A - x_M|$

$= \sqrt{1+\dfrac{\sin^2\theta}{4\cos^2\theta}}\ \left|2\cos\theta - \dfrac{-2\cos\theta\cos(\theta-\beta)}{\sin(\theta-\beta)-1}\right|$

$= \sqrt{1+\dfrac{\sin^2\theta}{4\cos^2\theta}}\ |2\cos\theta|\ \dfrac{|\sin(\theta-\beta)+\cos(\theta-\beta)-1|}{|\sin(\theta-\beta)-1|}$

$= \sqrt{\sin^2\theta + 4\cos^2\theta}\ \dfrac{|\sin(\theta-\beta)+\cos(\theta-\beta)-1|}{|\sin(\theta-\beta)-1|}.$

点 N、点 B 到直线 AE 的距离分别为 d_N、d_B.

$d_N + d_B = \dfrac{|(x_N\sin\theta - 2y_N\cos\theta) - (x_B\sin\theta - 2y_B\cos\theta)|}{\sqrt{\sin^2\theta + 4\cos^2\theta}}$

$= \dfrac{\left|\left[\dfrac{-2\sin\theta\sin(\theta-\beta)}{\cos(\theta-\beta)-1}\sin\theta - 2\dfrac{\cos\theta\sin(\theta-\beta)}{\cos(\theta-\beta)-1}\cos\theta\right] - (2\sin\theta\sin\theta + 2\cos\theta\cos\theta)\right|}{\sqrt{\sin^2\theta + 4\cos^2\theta}}$

$= \dfrac{2}{\sqrt{\sin^2\theta + 4\cos^2\theta}}\ \dfrac{|\sin(\theta-\beta)+\cos(\theta-\beta)-1|}{|\cos(\theta-\beta)-1|}.$

四边形 $ABMN$ 的面积为 $S_{\triangle AMN} + S_{\triangle AMB} = \dfrac{1}{2}|AM|(d_N + d_B)$

$$= \frac{|\sin(\theta-\beta)+\cos(\theta-\beta)-1|^2}{|(\sin(\theta-\beta)-1)(\cos(\theta-\beta)-1)|}$$

$$= \frac{2\sin(\theta-\beta)\cos(\theta-\beta)-2\sin(\theta-\beta)-2\cos(\theta-\beta)+2}{\sin(\theta-\beta)\cos(\theta-\beta)-\sin(\theta-\beta)-\cos(\theta-\beta)+1}$$

$$= 2(定值).$$

成功！我们的猜想又是正确的.

当然我们还可以将椭圆方程变为标准方程 $\frac{x^2}{a^2}+\frac{y^2}{b^2}=1(a>b>0)$ 去推导验证上述结论,容易得到本题中的定值为 ab.

对本题的探索也许刚刚开始,很多数学问题的解答也许并不困难,但若缺少了思考、追问、猜想、验证,数学学习者就很难抓住问题本质.问题是数学的心脏,如果能对核心问题深入探究,不断从一个特殊问题逐步引申到另一个一般性问题,这种自发的提出问题、解决问题的数学研究学习过程,一定会使我们的数学学习更加有意义.

运用几何直观，揭示数学本质

揭示数学知识的本质要突出直观理解，要善于运用几何直观、数学模型来解释数学问题，让中学数学更加容易接受，让中学数学更加自然．但是利用几何直观解决数学问题又恰恰是目前学生欠缺并且教师重视不够的．借助几何直观可以把数形结合思想这种重要的数学思想更好地反映出来，借助数与形的统一来深刻揭示数学本质．在教学中要挖掘数学问题的几何解释，逐渐培养学生的几何直观，进而形成能力，帮助学生发展直观想象的数学素养．

一、高中生学习数学的困惑

数学因其过于抽象化、形式化、符号化而使它成为公认的难于学习的学科，加上它的曲折奥妙，确实造成学生认知上的特殊困难．进而使学生畏惧数学．在大多数课堂教学中，教师没能够帮助学生摆脱这种由于数学学习特点带来的困境，忽视对直观图形的利用，不能很好地利用具体形象来化解对书本中一些抽象结论的理解以及破解一些较难的数学题目．

二、关于几何直观

《义务教育数学课程标准》对几何直观有明确的描述："几何直观主要是利用图形来描述和分析问题．借助几何直观可以把复杂的数学问题变得简明、形象，有助于探索解决问题的思路，预测结果．

几何直观可以帮助学生直观地理解数学,在整个数学学习过程中都发挥着重要的作用."

徐利治先生也有过对几何直观的描述:"几何直观是借助于见到的或想到的几何图形的形象关系,产生对数量关系的直接感知."

三、几何直观对数学教学起着很重要的作用

从数学发展史来看,从产生几何起就有了几何直观,特别是解析几何的诞生,把数与形紧密地联系起来,成为抽象的数与具体的形状互相联结的纽带.我们也可以把几何直观看作一种几何思维活动,在数学学科表现为运用数形结合思想时一种必需的思维表现,在其他自然科学领域,几何思维一样是非常重要的,它可以激发人的直觉.

许多数学概念脱离不开图形语言,数学图形语言具有直观形象的特点,许多数学问题的解决都是借助图形触发人的直觉来完成的.利用几何直观来观察问题不仅能培养学生的形象思维,更能发挥抽象思维与形象思维的协同作用.在教学中应加强对学生形象思维与逻辑思维的培养,全面提高学生数学思维水平.

(一)利用几何直观理解数学问题

1.两角和的正弦和余弦公式的几何直观理解

如图 1,$BE \perp AE$,$EA \perp OA$,$BD \perp AD$.

假设 α,β 是两个锐角,则 $\angle AOB = \alpha + \beta$.

设 $OB = 1$,则 $BE = \sin\beta$,$OE = $

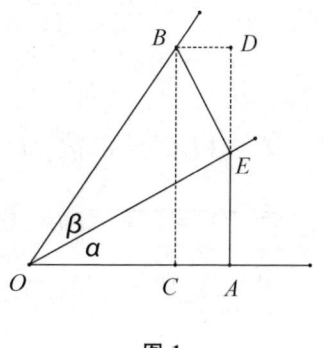

图 1

$\cos\beta, BC = \sin(\alpha+\beta), OC = \cos(\alpha+\beta)$.

在直角 $\triangle BDE$ 中,易知 $\angle BED = \alpha$,从而 $BD = \sin\alpha \cdot \sin\beta, DE = \sin\beta \cdot \cos\alpha$.

在直角 $\triangle OAE$ 中,$EA = \cos\beta\sin\alpha, OA = \cos\beta\cos\alpha$.

显然,易得 $\cos(\alpha+\beta) = OC = OA - AC = \cos\alpha\cos\beta - \sin\alpha\sin\beta$,
$\sin(\alpha+\beta) = BC = DE + EA = \sin\alpha\cos\beta + \cos\alpha\sin\beta$.

然后再将结论推广,借助代数推理得到一般化的结论.

引导学生推导两角差的正弦、余弦公式.培养学生构图、用图的能力,使其体会构建等式不是唯一的,用不同的方式表示同一条线段就能得到想要推导的公式,也就是数学中的算两遍.

2. 两角差的正弦公式的几何直观理解

如图 2,设 $AD = 1$,则 $DE = \sin(\alpha-\beta), AB = \cos\beta, DB = \sin\beta$.

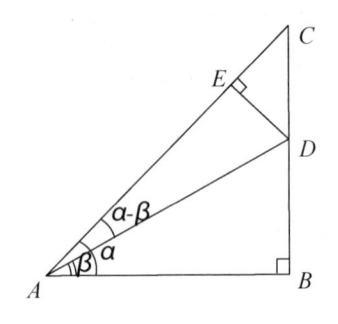

图 2

又 $\angle EDC = \alpha$,故 $CD = \dfrac{\sin(\alpha-\beta)}{\cos\alpha}$.

而 $CD = CB - DB = \tan\alpha\cos\beta - \sin\beta$.

$\dfrac{\sin(\alpha-\beta)}{\cos\alpha} = \tan\alpha\cos\beta - \sin\beta$.

故 $\sin(\alpha-\beta) = \sin\alpha\cos\beta - \cos\alpha\sin\beta$.

上面的例子不但令公式有了直观的几何解释,还体现了推导过程中的数学本质"算两次".

(二)运用几何直观解决数学问题

3.2016 年浙江高考真题

已知向量 a,b,$|a|=1$,$|b|=2$,若对任意单位向量 e,均有 $|a \cdot e|+|b \cdot e| \leqslant \sqrt{6}$,则 $a \cdot b$ 的最大值是_____.

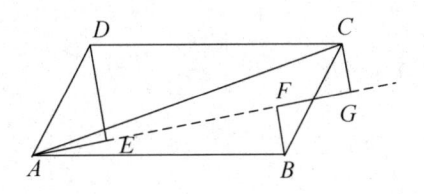

图 3

分析:如图 3,设 $\overrightarrow{AD}=a$,$\overrightarrow{AB}=b$,$|a \cdot e|+|b \cdot e| \leqslant |a+b|$ 当且仅当 e 与 $a+b$ 共线时取等号.依据题意 $|a+b| \leqslant \sqrt{6}$,即 $a^2+2a \cdot b+b^2 \leqslant 6$.

又 $|a|=1$,$|b|=2$ 所以 $1+2a \cdot b+4 \leqslant 6$.

即 $a \cdot b \leqslant \dfrac{1}{2}$,所以 $(a \cdot b)_{max}=\dfrac{1}{2}$.

题目很难进行坐标化,通法无法解决,我们进一步回归到对几何背景的挖掘与研究上. $|a \cdot e|+|b \cdot e|$ 的几何意义是 a,b 在 e 上的投影之和,这也是本题的关键.向量是一个有"形"的几何量,因此,在研究与向量有关的问题时,既要掌握通法——运用向量的运算来解决问题,又要善于根据题目的不同情境转化为图形中的相应位置关系.一定要结合图形进行分析、判断和求解,深刻感受向量本质的二重性.

4.2015 年朝阳二模 8 题

如图 4,将一张边长为 1 的正方形纸 $ABCD$ 折叠,使得点 B 始终落

在边 AD 上,则折起的部分的面积最小值为

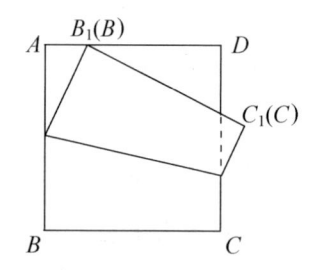

图 4

A. $\dfrac{1}{4}$ B. $\dfrac{3}{8}$ C. $\dfrac{2}{5}$ D. $\dfrac{1}{2}$

分析:如图 5,设 J 为 GH 中点,K 为 BC 中点,则 $BK = CK = 0.5$.

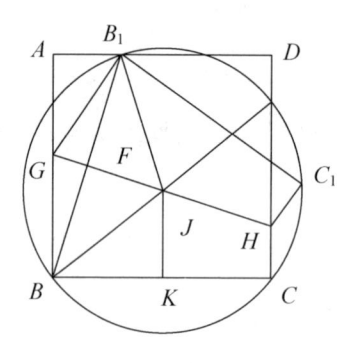

图 5

因为 $S_{GHC_1B_1} = \dfrac{1}{2}(B_1G + C_1H)B_1C_1 = JK$,

所以只需线段 JK 长最小.

由题意 $JK \perp BC$,所以 $JB_1 = JB = JC$.

所以只需 $JB_1 = JB = JC$ 长最小,即只需圆 J 的半径最小.当圆与 AD 相切时,半径最小.

此时 $JB+JK=1, KB=0.5$.

由 $JB^2=KB^2+JK^2$,解得 $KJ=\dfrac{3}{8}$. 答案:B.

(三)运用几何直观探究数学问题

5. 模拟练习

如图 6,棱长为 2 的正方体 $ABCD-A_1B_1C_1D_1$ 中,当点 P,Q 分别在线段 AC,B_1D_1 上滑动,且满足 $PQ=\sqrt{6}$ 时,则线段 PQ 中点 T 的轨迹为_____.

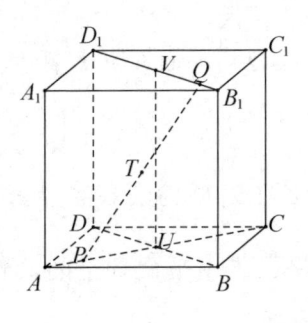

图 6

分析:本题考查学生的空间想象能力,由于在其动态情境与变化的过程中,往往隐藏、蕴含或潜伏着某些不变性和不变量(静态的元素).因此要细心观察,独具慧眼,善于从动态的图形中捕捉到不变的静态元素,便能寻找到求解问题的着力点、切入点与突破口,从而实现动态观察,动中取静,以静制动.

策略:如图 7,当线段 PQ 运动变化时,与之相关的不变性:点 P 在线段 AC 上,点 Q 在线段 B_1D_1 上,点 T 运动所在平面与平面 $ABCD$ 平行,正方体的线面关系.可将空间轨迹问题转化到平面 $ABCD$ 上的轨迹问题,即将空间的动态问题转化为平面上的动态问题.注意选定的投影面应该使所研究的问题(轨迹图形)具有不变性.

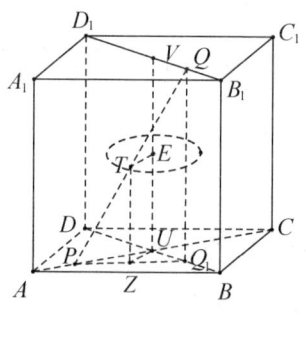

图 7

不变量：$PQ=\sqrt{6}$，点 Q 到平面 $ABCD$ 距离为 2，$PQ_1=\sqrt{2}$，正方体线面度量.

因此 $ZU=\dfrac{\sqrt{2}}{2}$，点 Z 在以 U 为圆心半径为 $\dfrac{\sqrt{2}}{2}$ 的圆上，故点 T 的轨迹为圆. 实现了空间到平面再由平面到空间的转化.

6. 2016 年四川高考真题

在平面内，定点 A,B,C,D 满足 $|\overrightarrow{DA}|=|\overrightarrow{DB}|=|\overrightarrow{DC}|$，$\overrightarrow{DA}\cdot\overrightarrow{DB}=\overrightarrow{DB}\cdot\overrightarrow{DC}=\overrightarrow{DC}\cdot\overrightarrow{DA}=-2$，动点 P、M 满足 $|\overrightarrow{AP}|=1$，$\overrightarrow{PM}=\overrightarrow{MC}$，则 $\overrightarrow{BM}^2$ 的最大值是 （　　）

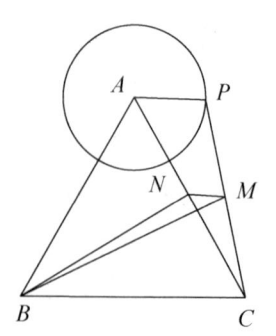

图 8

A. $\dfrac{43}{4}$ B. $\dfrac{49}{4}$ C. $\dfrac{37+6\sqrt{3}}{4}$ D. $\dfrac{37+2\sqrt{33}}{4}$

分析:在平面内,定点 A,B,C,D 满足 $|\overrightarrow{DA}|=|\overrightarrow{DB}|=|\overrightarrow{DC}|$,可得 D 为 $\triangle ABC$ 的外心.

由 $\overrightarrow{DA}\cdot\overrightarrow{DB}=\overrightarrow{DB}\cdot\overrightarrow{DC}=\overrightarrow{DC}\cdot\overrightarrow{DA}$,可得 D 为 $\triangle ABC$ 的垂心,可知 $\triangle ABC$ 为等边三角形.

再由 $\overrightarrow{DA}\cdot\overrightarrow{DB}=-2$,可得正 $\triangle ABC$ 的边长为 $2\sqrt{3}$,由 $|\overrightarrow{AP}|=1$,知点 P 在以 A 为圆心,1 为半径的圆上,由 $\overrightarrow{PM}=\overrightarrow{MC}$ 知 M 为 PC 中点,取 AC 的中点 N,易知 $|\overrightarrow{MN}|=\dfrac{1}{2}$.

所以点 M 在以点 N 为圆心,$\dfrac{1}{2}$ 为半径的圆上,又 $|BM|\leqslant|BN|+|MN|=3+\dfrac{1}{2}=\dfrac{7}{2}$,当且仅当 M,N,B 三点共线时取得等号.

故 $\overrightarrow{BM}^2=\dfrac{49}{4}$,选 B.

策略:通过几何直观找到变化中的不变量,突出几何本质,避免了复杂的代数运算,问题得以轻松解决.

数学的抽象性使很多学生对数学丧失了兴趣.但抽象的概念通常是可以通过图象的形式储存和呈现的,抽象的数量关系常有形象与直观的几何意义,而直观的图形也常用数量关系加以精确的描述.我们在研究数量关系时,有时要借助图形直观地去研究,而在研究图形时,又常借助数量关系去探究."数"和"形"统一起来,使所要解决的问题化难为易,化繁为简,特别是对图形的恰当应用必然有助于数学创造性思维的产生.

从认识论和方法论的角度说,几何直观这种思维方法的运用,有助于加深学生对数学问题本质的认识,有助于对具体数量关系和空间形式进行抽象和概括.教师要设计活泼开放的课堂,让学生"不断地经历直观感知",然后去发现、归纳.以有利于学生认识数学的本质为原则,利用信息技术与课程内容的有机整合来呈现一些抽象问题,打开学生的思路,拓展他们思维的深度和广度,展示思维过程,让学生在图形的动态变化中感受到数学美的同时,发现隐匿在错综复杂的数量与空间位置关系中的数学本质内涵,从而加强对数学本质的理解.

找寻必要条件，送你柳暗花明

——2019全国数学Ⅰ卷文科20题引发的思考

高考中的导数压轴题，一般从思维的层次性、深刻性和创新性等方面进行考查，不容易找到解题的突破口。本文从学生的困惑入手，换一个角度看问题，探求问题成立的充分条件或必要条件，再证明其为充要条件．特别对求参数范围这类问题，这样不但能找到解决问题的突破口，而且能确定解题方向和分类的标准，为解题带来优化方法．

2019年高考大幕已落，今年全国Ⅰ卷数学试卷的题型变化较大．文、理科的导数题特点鲜明，题干简洁、漂亮新颖、难度较大．难在哪？真难吗？值得我们深入思考．从表面上看，往往一阶导数都比较复杂，特别是导数含有参数，很难找到分类讨论的突破口，容易使解题陷入迷茫、停滞不前．从深层次上看，也有模式化解题、模式化教学的问题．

下面笔者给出2019全国数学Ⅰ卷文科20题的一种解答，也许对去除模式化有些帮助．

例1（2019全国数学Ⅰ卷文20） 已知函数 $f(x)=2\sin x-x\cos x-x$，$f'(x)$ 是 $f(x)$ 的导数．

（Ⅰ）证明：$f'(x)$ 在区间 $(0,\pi)$ 存在唯一零点；

（Ⅱ）若 $x\in[0,\pi]$ 时，$f(x)\geqslant ax$，求 a 的取值范围．

解：（Ⅰ）由题意得 $f'(x)=2\cos x-[\cos x+x(-\sin x)]-1=$

$\cos x + x\sin x - 1$.

令 $g(x) = \cos x + x\sin x - 1$，则 $g'(x) = x\cos x$.

故 $x \in \left(0, \dfrac{\pi}{2}\right]$ 时，$g'(x) > 0$，$g(x)$ 单调递增；$x \in \left(\dfrac{\pi}{2}, \pi\right)$ 时，$g'(x) < 0$，$g(x)$ 单调递减.

所以 $g(x)$ 的最大值为 $g\left(\dfrac{\pi}{2}\right) = \dfrac{\pi}{2} - 1$，又 $g(\pi) = -2$，$g(0) = 0$.

所以 $g\left(\dfrac{\pi}{2}\right) \cdot g(\pi) < 0$，即 $f'\left(\dfrac{\pi}{2}\right) \cdot f'(\pi) < 0$.

所以 $f'(x)$ 在区间 $(0, \pi)$ 存在唯一零点.

（Ⅱ）令 $F(x) = f(x) - ax = 2\sin x - x\cos x - x - ax$.

依据题意，$x \in [0, \pi]$，$F(x) \geqslant 0$ 恒成立，必有 $F(\pi) \geqslant 0$，即 $a \leqslant 0$.

又 $F'(x) = f'(x) - a = \cos x + x\sin x - 1 - a$.

由（Ⅰ）知 $f'(x)$ 在区间 $\left(0, \dfrac{\pi}{2}\right]$ 单调递增，$f'(x)$ 在区间 $\left(\dfrac{\pi}{2}, \pi\right)$ 单调递减.

所以 $F'(x)$ 在区间 $\left(0, \dfrac{\pi}{2}\right]$ 单调递增，$F'(x)$ 在区间 $\left(\dfrac{\pi}{2}, \pi\right)$ 单调递减.

且 $F'(0) = -a \geqslant 0$，$F'\left(\dfrac{\pi}{2}\right) = \dfrac{\pi}{2} - 1 - a > 0$，$F'(\pi) = -2 - a$.

(1) 若 $F'(\pi) = -2 - a \geqslant 0$，即 $a \leqslant -2$.

则 $F'(x) \geqslant 0$，$F(x)$ 在 $[0, \pi]$ 上单调递增，且 $F(x) \geqslant F(0) = 0$，符合题意.

(2) 若 $F'(\pi) = -2 - a < 0$，即 $-2 < a \leqslant 0$.

则存在唯一的 $m \in \left(\dfrac{\pi}{2}, \pi\right)$，使得 $F'(m) = 0$ 且 $F(x)$ 在 $(0, m)$ 上

单调递增,在(m,π)上单调递减.依题意只需$\begin{cases}F(0)\geqslant 0\\F(\pi)\geqslant 0\end{cases}$,解得$-2<a\leqslant 0$.

综上所述,a的取值范围为$(-\infty,0]$.

上述的解答过程中可以看出,第(Ⅰ)问是一个确定函数零点个数的问题.教学中我们要帮助学生抓住数学本质和解决问题的一般方法,函数单调性与零点存在定理相结合就能确定零点的个数.这就是解决此类问题最本质、最一般、最常用的方法.第(Ⅱ)问利用必要条件$F(\pi)\geqslant 0$得到$a\leqslant 0$,缩小参数a的范围,从而减少了分类讨论.当然寻求必要条件的方式很多,比如本题,若注意到$F(0)=0$,则$F(x)$必然在0右侧附近单调递增,必有$F'(0)\geqslant 0$,从而得到$a\leqslant 0$.这里也有一个选择哪一个必要条件更为恰当的问题.总之找到必要条件就使得解题目标更加清晰,解题难度降低,从而提高解题效率.此种解题策略用途广泛.当然第(Ⅱ)问的解决,也要注意第(Ⅰ)问的铺垫作用.

例2(2010 全国大纲节选) 已知$a\geqslant 0$,当$x\geqslant 0$时,$1-e^{-x}\leqslant\dfrac{x}{ax+1}$,求$a$的取值范围.

分析: 若直接构造函数$g(x)=1-e^{-x}-\dfrac{x}{ax+1}$,去研究$g(x)$在$(0,+\infty)$上的最大值,由于导数很复杂,我们很难研究.若注意到已知$a\geqslant 0,x\geqslant 0$,就知道$ax+1\geqslant 0$,进而不等式转化为$(ax+1)(e^x-1)-xe^x\leqslant 0$,构造$h(x)=(ax+1)(e^x-1)-xe^x$,导数相对简洁一些.往下该如何分析呢?是求导并研究$h(x)$的最大值吗?而$h'(x)=e^x[(a-1)x+a]-a$很复杂,又该如何分类讨论呢?如果注意到$h(0)=0$,那么此函数一开始必单调递减,又注意到$h'(0)=0$,从而导数一开始也必单调递减,故$h''(0)\leqslant 0$,即$a\in\left[0,\dfrac{1}{2}\right]$,也就是我们找到了命题成立的必要条件,进而可以做如下解答.

解:$a \geqslant 0$ 时,$f(x) \leqslant \dfrac{x}{ax+1}$ 可转化为 $(ax+1)(e^x-1)-xe^x \leqslant 0$.

设 $h(x)=(ax+1)(e^x-1)-xe^x$,$h(0)=0$.

$h'(x)=e^x[(a-1)x+a]-a$,$h'(0)=0$.

$h''(x)=e^x[(a-1)x+2a-1]$.

① $0 \leqslant a \leqslant \dfrac{1}{2}$ 时,$x \in (0,+\infty)$ 时,$h''(x)<0$,所以 $h'(x)$ 在 $(0,+\infty)$ 单调递减,故 $h'(x)<h'(0)=0$.

所以 $h(x)$ 在 $(0,+\infty)$ 单调递减,故 $h(x)<h(0)=0$,所以 $0 \leqslant a \leqslant \dfrac{1}{2}$ 符合题意.

② $\dfrac{1}{2}<a<1$ 时,$x \in \left(0,\dfrac{2a-1}{1-a}\right)$ 时,$h''(x)>0$,所以 $h'(x)$ 在 $\left(0,\dfrac{2a-1}{1-a}\right)$ 单调递增,故 $h'(x)>h'(0)=0$,

所以 $h(x)$ 在 $\left(0,\dfrac{2a-1}{1-a}\right)$ 单调递增,故 $h(x)>h(0)=0$,所以 $\dfrac{1}{2}<a<1$ 不符合题意.

③ $a \geqslant 1$ 时,$x \in (0,+\infty)$ 时,$h''(x)>0$,所以 $h'(x)$ 在 $(0,+\infty)$ 单调递增,故 $h'(x)>h'(0)=0$.

所以 $h(x)$ 在 $(0,+\infty)$ 单调递增,故 $h(x)>h(0)=0$,所以 $a \geqslant 1$ 不符合题意.

不管怎样构造函数,看到了零点,就找到了解题方向.关注函数的零点当然也包括观察导函数的零点,这种先寻求使命题成立的必要条件,再证明其是充分条件的解题策略在解决压轴题中很常用.当然也有先寻求使命题成立的充分条件,再证明其是必要条件的情况.此种解题策略不再举例,请读者自己体会.

解题过程可以说就是一个转化过程,通常我们都进行等价转化,这样得到的解就是答案.但有时候寻求原问题的等价条件很困难或很复杂,这时候,我们不妨另辟蹊径,换一种思维,利用原问题的一个必要条件求解,再作充分性验证,或者先找到原问题成立的充分条件,再证明其为必要条件,必要条件和充要条件相比,相对较弱,便于寻求和使用.这种解题策略一定程度上能化难为易,化繁为简.此种解题方法本身也体现了思维的灵活性与严谨性,当然也会受到命题专家的青睐.

充分必要条件作为一种数学思想,有利于培养学生判断问题和解决问题的能力,有利于培养学生的发散思维、创新能力,还可以帮助学生去除解题模式化弊病,所以教学中我们要加以重视.

参考文献

[1] 蒋凯. 分类讨论思想 [J]. 中学数学教学参考, 2018 (Z2).

[2] 朴希兰, 朴勇杰. 分类讨论思想在高中解题中的应用 [J]. 教育教学论坛, 2015 (7).

[3] 章建跃, 张翼. 对数学本质特征的若干认识 [J]. 数学通报, 2001 (6).

[4] 林燎. 中学数学教学要注重数学本质的呈现 [J]. 数学通报, 2009 (8).

[5] 苏洪雨, 陈奇斌. 数学家视野下的几何素养的内涵 [J]. 中学数学教育, 2010 (6).